LES MALCHANCEUX DE L'HISTOIRE DE FRANCE

Du même auteur

Le Sang des choses, Corps 9, 1983.
La Nuit étoilée, Corps 9, 1984.
Mort d'un kiosquier, Critérion, 1994.
On dit, on prononce, on écrit, on conjugue, First, 1999.
Ça ne va pas ? Manuel de poésiethérapie, Le Cherche Midi, 2001, 2012.
Le Français correct pour les Nuls, First, 2001.
Tu feras l'X, Liv'Éditions, 2001.
Café grec, Le Cherche Midi, 2003.
Le Petit Livre de la grammaire facile, First, 2004, 2021.
L'Histoire de France pour les Nuls, First, 2004, 2013, 2019.
L'Histoire de France illustrée pour les Nuls, First, 2005, 2015.
La Littérature française pour les Nuls, First, 2005, 2014.
La Marche de l'empereur (album du film), Hachette, 2005.
La Géographie française pour les Nuls, First, 2006.
La Littérature française illustrée pour les Nuls, First, 2006.
Petite anthologie de la poésie française, First, 2006.
Les Petits et Grands Personnages de l'histoire de France, First, 2007.
Camarón, Le Cherche Midi, 2008.
Le Petit Livre des liaisons, First, 2008.
Petite anthologie de la poésie amoureuse, First, 2008.
Plus que parfait, First, 2008.
Pour mieux dire « peut mieux faire », First, 2008.
La Poésie française pour les Nuls, First, 2010.
L'Histoire de France pour les Nuls juniors, First, 2010.
La Dictée pour les Nuls, First, 2011.
Le Cheval en cent poèmes, Omnibus, 2011.
L'Histoire de France pour les Nuls en BD, tome 1 : « Les Gaulois », First, 2011.

(suite en page 223)

JEAN-JOSEPH JULAUD

LES MALCHANCEUX DE L'HISTOIRE DE FRANCE

TEXTO

Texto est une collection des éditions Tallandier

1re édition : Le Cherche Midi, 2014

48, rue du Faubourg-Montmartre – 75009 Paris
www.tallandier.com

« La malchance est le produit du hasard ;
c'est l'expression de la volonté du sort – sur laquelle,
nous-mêmes issus du hasard et misérables prétextes
d'un échec temporel, nous n'avons aucune prise. »

Cioran, *Le Bréviaire des vaincus II*

« Si le malchanceux devait faire le commerce de linceuls,
personne ne mourrait. »

Le Livre de la sagesse arabe

AVANT-PROPOS

La malchance, la déveine, la scoumoune, la poisse, bref, la guigne ! Nous la connaissons tous, cette mauvaise fille du destin, experte en chausse-trapes et crocs-en-jambe, qui attire dans ses pièges les surchargés d'espoir, les élus de trop bons hasards ou les bienheureux de l'ordinaire que nous devenons par inadvertance.

Lorsque la malchance nous frappe, la marche des jours se poursuit dans une indifférence aveugle et révoltante, certes, mais générale, car – n'est-ce pas ? – on ne peut pas supporter toute la misère du monde !

Mais dès qu'elle s'attaque à un puissant, à un nom en vue ou, par ricochet, à la graine de victime que nourrit tout oppressé ou révolté, tout le monde regarde ! Même si l'affaire s'est déroulée voilà mille ans, ou plus, ou moins, il y a foule ! Comme si le spectacle de la poisse, de la déveine à travers les âges pouvait exonérer le présent de toute rechute dans les extrêmes !

Et vous qui avez ouvert ce livre, le spectacle de la malchance vous intéresse, vous attire, n'est-ce pas ? Vous êtes venu pour vous en offrir les épisodes les plus étonnants, les plus émouvants, les plus inattendus ou pittoresques, les plus tragiques, les plus cruels et même les plus horribles…

Vous avez raison, vous ne serez pas déçu du voyage : nous partageons avec vous ce goût très sain pour la compassion ou les frissons suspects.

Dès que la décision de vous proposer des tranches de vie marquées au fer rouge de la scoumoune dans l'histoire de France a été prise, une sorte de veillée d'armes a commencé afin d'élaborer les plus fines stratégies propres à vous conduire de la meilleure façon sur le terrain des opérations, des tortures, des calomnies, des trahisons, des batailles ou autres divertissements des siècles passés.

Fallait-il vous raconter tout cela en une suite de récits aussi plats que le papier qui les supporte (et il a bien du mérite) ?

Non !

Était-il nécessaire, au contraire, de créer une mise en scène différente pour chaque personnage, pour chaque événement raconté, tout en respectant scrupuleusement les noms, les faits et les dates historiques ? Était-il indispensable de vous offrir, dans une démarche narrative, de la première à la dernière page, une diversité d'approches et de styles telle que vous puissiez vous dire, livre lu : voilà de la diversité dans l'unité ?

Oui !

Vous allez donc découvrir le destin de personnages qui nous émeuvent, nous étonnent, et appartiennent de façon définitive au patrimoine de la déveine : les malheurs de Clotilde, ceux de Louis le Pieux, l'accident « bête » d'un très jeune roi, l'horrible fin des frères d'Aunay, la curieuse mort de Jean de Luxembourg, l'histoire pathétique de Charles le Fol et Odinette, les dernières heures de Jacques

Cœur, Montecucculi en miettes, la méprise comique de Jacques Cartier, les craintes de la reine Margot, la belle voix de Claude François, le vrai coup de Jarnac, la maladresse de Chamfort (mais non, voyons, pas Alain, Nicolas de !), les infortunes d'Agrippa d'Aubigné, les Indes jusqu'à Lally, les audaces d'Olympe de Gouges, le triste sort de Cécile Renault, la poisse de la balle croate qui eût dû tuer Bonaparte, le coup de blues du chien du duc d'Enghien, la folie de la petite-fille de Louis-Philippe, impératrice du Mexique et femme de Maximilien de Habsbourg, fusillé…

Tout cela porté par des dialogues de princes ou de rois, des récits de valets ou de soldats, les réflexions intimes ou désabusées d'anonymes… Bref, du vivant, de l'effervescent, du dramatique, du bouleversant, du pathétique, du suspense au cœur des malchanceux de l'Histoire !

Mais aussi un peu de recul pour vous apporter, à vous, lecteur, le relief utile pour tout comprendre, la perspective pour que clignotent dans le présent, comme des avertissements, les images des tares et des crimes d'un autre âge.

Pour que naisse ou se prolonge, à la lumière du passé, votre vigilance dans le cours de l'Histoire en marche.

Parce que tout ce que vous allez lire, dès demain pourrait recommencer.

Jean-Joseph JULAUD

1

Les malheurs de Clotilde

(532)

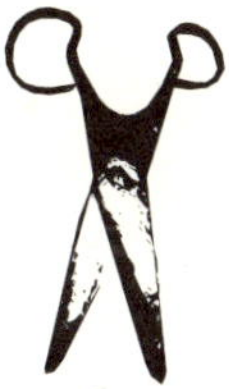

Vers 485

« Gondebaud, qu'as-tu fait de ton frère ?

– Je l'ai tué ! Égorgé de mes mains, mon frère, Chilpéric II, roi des Burgondes.

– Gondebaud, qu'as-tu fait de la femme de ton frère ?

– J'ai fait attacher une grosse pierre à son cou et j'ai ordonné qu'elle soit jetée dans un puits.

– Gondebaud, roi des Burgondes, qu'as-tu fait de ton autre frère Gondemar ?

– Je ne sais pas, il a disparu…

– Vraiment ?

– Oui, pffuit ! On n'en trouvera aucune trace dans l'histoire !

– Gondebaud, ton frère Chilpéric a deux filles qui n'ont pas dix ans, Chroma et Clotilde. Que sont-elles devenues ?

– Elles sont au couvent pour l'instant.

– Tu les as épargnées…

– Oui, je ne suis pas un monstre ! »

À PEINE VINGT ANS PLUS TARD

« Gondebaud, où sont Chroma et Clotilde ?

– Chroma a pris le voile.

– Et Clotilde ?

– Un ambassadeur de Clovis Ier, le roi des Francs, m'a demandé sa main.

– Pour lui ?

– Non, pour Clovis.

– Et tu as accepté ?

– Bien sûr ! Me voici l'allié de Clovis, la Burgondie et le royaume franc ne font plus qu'un, ou presque ! »

VERS 500

« Gondebaud, ton autre frère Godegisel… celui qui a installé sa capitale à Genève, celui avec qui tu gouvernes les territoires autour de la Saône, du Rhône jusqu'à Marseille…

– Godegisel ? Il s'est allié à Clovis contre moi.

– Qui donc a conseillé cette alliance ?

– Clotilde ! Elle m'en veut à mort !

– Et alors ?

– Alors, Clovis et Godegisel m'ont battu à plate couture, à Dijon ! Je me suis enfui jusqu'à Avignon. Clovis m'y a poursuivi. Et finalement, on a trouvé un arrangement.

– Et Godegisel ?

– Tout content, il était déjà parti s'installer dans ma ville de Vienne ! C'est là que je l'ai attaqué, vaincu et tué.

– La femme de Godegisel ? Ses deux jeunes fils ?

– Je les ai fait noyer ou égorger, je ne sais plus…

– Bilan ?

– Bilan, je suis roi des Burgondes, moi tout seul, de la Loire à la Provence, en passant par la Suisse, et jusqu'au Rhin !

– Roi Gondebaud, comment vois-tu l'avenir de la Burgondie ?

– Elle deviendra la Bourgogne, et, après ma mort, je pense que les Francs s'en empareront définitivement. »

En 532, montagne Sainte-Geneviève, à Paris, résidence de Clotilde

« Reine Clotilde, le roi Clovis, votre époux, est mort en 511.

– Paix à son âme !

– Le roi Gondebaud s'est éteint en 516.

– Qu'il brûle en enfer !

– De Clovis, reine Clotilde, vous avez trois fils : Clodomir, Childebert et Clotaire.

– Oui. Clodomir a été tué en tentant de conquérir le royaume burgonde, il y a huit ans. C'est moi qui l'ai poussé à cette guerre.

– Il avait trois fils, vos petits-fils…

– Oui, mes trois petits-fils, Théobaldt, Gunther et Clodoald, adorables.

– Qu'est-il arrivé, reine Clotilde ? Vous pleurez…

– Mes fils, Childebert et Clotaire, ont craint que mes petits-enfants chéris ne demandent le pouvoir.

– Alors ?

– Alors, ils me les ont enlevés, traîtreusement. Puis, ils m'ont envoyé un émissaire.

– Quel était son message ?

– Il portait dans une main des ciseaux, et dans l'autre une épée. Il m'a demandé…

– Vous pleurez, reine Clotilde…

– Il m'a demandé ce que je préférais pour eux, mes trois amours…

– Pourquoi les ciseaux ?

– Être tondu, pour nous, les Burgondes, même enfant, c'est le pire des déshonneurs !

– Qu'avez-vous répondu ?

– "Plutôt morts que tondus !"

– Y pensiez-vous vraiment ?

– Non, je ne pensais pas que Clotaire et Childebert… Non, je ne les croyais pas capables… »

En 532, palais de l'Île de la Cité, Paris

« Clotaire, qu'avez-vous fait ?

– J'ai plongé la lame de mon scramasaxe sous l'aisselle gauche de Théobald, profondément.

– Un enfant de neuf ans !

– Un rival, oui, un futur roi contre moi, un ennemi déjà, pas un enfant !

– Et Gunther ?

– Cet imbécile de Childebert, mon frère, s'est mis à pleurer en voyant le tableau ! Gunther le suppliait en lui serrant les genoux : “Ne me tuez pas, ne me tuez pas...”

– Et...

– Et Childebert l'a poussé sur moi. Deux coups de scramasaxe, mais il criait encore, Gunther, alors, je l'ai étranglé.

– Il avait sept ans, Gunther...

– Un roi, un rival, un ennemi...

– Clodoald, le dernier des trois frères ? Cet enfant de trois ans...

– Disparu ! enfui ! J'ai fait tuer toute l'escorte, complice de cette fuite. Puis je suis parti à Soissons.

– Dégoûté ?

– Nous étions ivres, et nous sommes rois... »

2

Chramme crame à Vannes

(561)

ANNÉE 556

Des galops, des galops en long et en large bombinant autour d'armées en marche, des troupes sillonnant la Gaule, s'en allant jusqu'en Saxe, où d'autres troupes, ennemies, mettent le cap sur des villes à conquérir : Metz, Reims, Paris peut-être, allez savoir… Clotaire Ier, depuis 511 roi de Neustrie – capitale : Soissons –, toujours aux avant-postes, Clotaire ! Avec parfois Childebert, son frère, roi de Paris et d'Orléans…

Clotaire et Childebert, deux assassins d'enfants, deux Mérovingiens au museau de loups en rage.

Clotaire écrase là-bas, très loin, les hardis Saxons, fourrage de son scramasaxe poitrines et visages, plonge sa lame dans les ventres, tripes et sang sur sa cotte de cuir. Heureux de ces viscères fumants, Clotaire Ier ! Clotaire, aux dix mille femmes prises au hasard des routes de guerre, violées, laissées avec ces germes de lui-même qui poussent, les quelques mois nécessaires, puis naissent, voraces, féroces, à son image, descendance aux yeux de braise, incendie massacreur, torrentiel, rebondi de siècle en siècle, jusqu'aux grandes boucheries modernes… Clotaire !

Année 557

« Quoi ? Mon fils, mon propre fils, Chramme, encore jeune homme, à qui j'ai confié des territoires du sud-ouest de la Gaule, Chramme a des projets de royauté ! J'envoie vers lui deux autres de mes fils et leurs armées. Qu'ils combattent leur frère, qu'ils le ramènent à la raison, ou qu'ils le tuent ! »

Point de bataille fratricide : les dieux ont déchaîné tempêtes et orages sur les armées massées près de Limoges. Chramme s'enfuit avec ses troupes, sa femme, Chalda, et ses deux filles jusque chez le comte Conoo, près de Vannes, en Bretagne.

Conoo est un être bizarre, sournois, faux, mielleux, surgi de la grande île. C'est un Barbe-Bleue qui tue ses femmes et les fait disparaître. La blonde Iona n'est jamais sortie de la nuit où son sommeil l'a emportée. Partout le vent colporte les crimes du tyran breton.

Conoo est entré en amitié avec Childebert lors de voyages à Paris. C'est là que Chramme l'a connu, ce vénéneux.

Et Chramme sait qu'il est prêt à l'alliance contre Clotaire ! Peut-être Childebert se joindra-t-il à eux ! Chramme se voit déjà dominant la Neustrie, Paris, le Sud-Ouest, et pourquoi pas la Bretagne ?

Clotaire l'apprend, prépare sa cotte, sa lame, écume de rage froide, rassemble ses soldats, fonce vers la Bretagne. C'est désormais en roi des Francs que voyage Clotaire : son frère Childebert est mort voilà quelques mois.

Année 558

Les deux armées, celle du père et celle du fils, avancent l'une vers l'autre, se figent. Conoo conseille d'attaquer la nuit, Chramme préfère attendre le petit jour. Il est presque midi quand les troupes commencent le combat dans un tel désordre que, bientôt, Conoo ne sait plus où donner de la tête pour faire face à l'ennemi, de sorte qu'il lui tourne le dos une fois sur deux. Une lance en pleine course l'atteint alors entre les deux omoplates. C'en est fini du tyran Conoo ! Ses soldats s'égaillent. Chramme déguerpit aussi, vers la mer où l'attendent des navires, mais il n'oublie pas sa femme, Chalda, et ses deux filles, à peine sorties des langes.

« Poursuivez-le ! Attrapez-le ! C'est fait ? »

C'est Clotaire qui crie cela à ses hommes.

« Au loin, la voyez-vous cette masure, cette maison ? Oui ? Est-il avec sa femme la traitresse ? Porte-t-elle sur ses bras leurs deux filles, et lui ses armes ? Ouvrez la porte, poussez-les dans la masure ! C'est fait ? »

Clotaire ! Chramme, c'est ton fils !

« Prenez de la corde, liez les mains de Chalda, liez ses pieds, attachez-la au mur ! »

Tes petites-filles, Clotaire !

« Attachez à leur mère les enfants ! Et Chramme, que vous tenez par les poignets, Chramme, qui voit son martyre, étranglez-le devant elles ! C'est fait ? »

Les siècles horrifiés te regardent Clotaire Ier !

« Maintenant, bourrez portes et fenêtre de la paille et du foin trouvés aux alentours, ajoutez-y des bûches ! »

Des cris, Clotaire…

« Mettez le feu à tout cela, et qu'il ne reste que cendres ! »

*
* *

Année 561

« Qu'ai-je fait ? Chaque matin m'est une douleur sans nom : je vois dans l'aube des lignes de sang, comme traînées de braises, et je pense à Chalda, j'entends les cris des petites… Chramme, vaillant Chramme, mon fils… Qu'ai-je gagné ? Dévoré par tes rêves qui sont les miens… Le temps ne m'est plus rien. Un jour, un mois ? Clotaire Ier, roi des Francs ! Le roi du ciel m'appelle. Faut-il donc qu'il me ressemble pour permettre tout ce que j'ai vécu ! Me donnera-t-il le commandement des nuages, le royaume des tempêtes ? Sachez, vous qui vivrez dans les siècles des siècles, que, de façon plus simple et plus douce, ce roi du ciel me donnera, parce que je l'en supplierai, la gouvernance des nuées de Bretagne. Et la pluie fine comme un chagrin se mêlera aux cendres de ceux que je vais rejoindre… Que la terre m'oublie ! Que plus jamais on ne cite le nom de Clotaire Ier l'infâme. Ou bien que celui qui le décide un jour comprenne et dise que le remords le guida jusqu'à sa dernière heure. »

Jusqu'à sa dernière heure, le remords fut pour lui rédempteur.

3

Piètre et pieux, Louis…

(840)

Ah, Louis le Pieux ! Louis Ier le Débonnaire, fils de Charlemagne et d'Hildegarde de Vintzgau… Vous le savez, Louis le Pieux : lorsque votre père, Charlemagne, prit pour deuxième épouse votre mère, Hildegarde, après avoir répudié la première, elle n'avait pas treize ans ! Il lui fit neuf enfants, dont vous, Louis, en cinquième position. Puis elle mourut, à vingt-sept ans. Elle vous avait mis au monde avec votre jumeau Lothaire, qui ne survécut pas, à Chasseneuil, dans le Poitou. Pourquoi Chasseneuil ? Parce que votre père, Charlemagne, ce nomade conquérant, y était de passage, et comme il y possédait la villa Cassiloginum, devenu Chasseneuil, vous y fîtes halte, le temps de naître des vingt ans de la belle Hildegarde…

Ah, Louis le Pieux ! Si vous n'aviez pas existé… Mais vous avez vécu, soixante-deux ans, de 778 à 840, avec une telle kyrielle de petites malchances et de gros malheurs que l'on prend plaisir à vous réinventer, pour sourire, s'attendrir, et pour s'indigner… Comment avez-vous pu, par exemple ?… Patience, ce sera pour tout à l'heure.

Première malchance, Louis : Rome. Papa Charlemagne et maman Hildegarde vous y conduisent en 781. Vous y arrivez le 15 avril, jour de Pâques. Et là, petit enfant de trois ans, vous devenez roi des Aquitains, couronné par le pape Adrien Ier ! Évidemment, un roi doit vivre parmi ses sujets. Alors, on vous sépare de maman, de papa, qui a déjà semé en maman la graine pour que naisse l'année suivante une petite Berthe… À trois ans, vous voici porté de villa en villa – des propriétés seigneuriales – dans le Poitou, où vous vivez, en étant rappelé de temps en temps par papa Charlemagne à Aix-la-Chapelle, afin qu'il vous mette, dès l'âge de raison, les points sur les *i* : « Comment, Louis, vous donnez à tel ou tel de vos fidèles mes terres en libre usage, sans impôts ? Je veux dire “vos” terres… » – Oui, mais, père très bon, les grands d'Aquitaine m'aiment, me reçoivent, m'offrent des cadeaux. – Évidemment, Louis, avec tout ce que vous leur donnez… »

Louis le Pieux, on vous gruge, on vous vole, on vous pille ! Tout va bien ? Mais oui, tout va bien puisque l'on me donne une femme, Ermangarde de Hesbaye, blonde et belle, qui me dote de trois fils : Lothaire, Pépin et Louis. Tout va bien puisque je mène campagne militaire en Italie, en Espagne musulmane où même des musulmans s'allient à moi pour lutter contre leurs frères, tout va bien !

Tout va bien : mon père, Charlemagne, empereur depuis 800, partage en 806 son empire entre mes deux frères et moi. Et voici que Pépin meurt en 810. L'année suivante, Charles meurt aussi. Je me retrouve seul à la tête de l'empire. Tout va pour le mieux !

Le 28 janvier 814, rien ne va plus : Charlemagne meurt !

On vient apprendre à Louis, dans sa sainte béatitude coutumière, la mort de son père ; il se trouve à Doué-la-Fontaine. Ah, mais quel fleuve de larmes, quels flots de chagrin ! C'est un tic de famille : l'empereur Charlemagne, à la petite voix de fausset – c'est son biographe Éginhard qui l'écrit –, pleurait beaucoup, pour un rien, pour presque tout.

Louis quitte la douceur angevine, encadré par sa garde rapprochée d'une bonne dizaine de gens d'Église, des purs et durs, des pires... La troupe bardée de morale se nourrit de prières, de pénitences, de jeûnes et d'abstinence pendant les vingt jours du voyage qui conduit à Aix-la-Chapelle.

Lorsqu'elle entre dans le palais, c'est le choc ! Pourquoi ? On va le dire tout de suite, mais auparavant, laissons Louis le Pieux entrer dans la basilique où se trouve le tombeau de Charlemagne. Il se prosterne, touche de son front le dallage et reste là, en pleurs et prière, longtemps. On comprend mieux son surnom : le Pieux.

Le choc : la garde rapprochée de Louis est déjà à l'œuvre, et cela va durer des jours, car, dans tout le palais de l'empereur défunt, des femmes, des femmes... Que de femmes, et jolies, et aguichantes, entreprenantes... Pis que tout cela : les religieuses qui vivent là, avenantes et délurées, entretiennent ouvertement de tendres relations avec les ecclésiastiques ! Mais quel... désordre ! Louis Ier le Pieux y remédie : tout ce beau monde dehors, y compris ses propres sœurs, qui sont priées de s'installer dans un monastère !

Trois ans plus tard, l'ordre moral s'est abattu sur le palais d'Aix-la-Chapelle, strict, morne et triste, rigoureux, surveillé par les antennes du pape que sont les prêtres et évêques veillant de près sur le nouvel empereur.

Attention, parfois le sort joue les malins et donne une belle chiquenaude dans la dignité physique et morale : le 9 avril 817, une procession de prélats, de moines, de gens d'Église, pleins d'onction, de componction, s'engage à la suite de Louis sous un portique de bois reliant le palais à sa chapelle. Soudain, craaaaaaac... ! Le portique se brise et s'effondre sur toute la queue leu leu en prière !

Nuage de poussière. Et l'on voit, çà et là parmi les plâtras, une mitre qui émerge, des soutanes retroussées, de graves évêques à quatre pattes, des prêtres en transe serrant comme leur sauveur une solive... Des blessés, oui, Louis lui-même !

On répare, mais Louis se dit que la vie est bien imprévisible. Il décide alors de répartir son immense empire entre ses trois fils. Il faut préciser qu'il a déjà réparti l'or et les bijoux de son père : la part de ses sœurs mise de côté, tout le reste est allé à Rome et aux pauvres ! Et voilà, ça, c'est de l'évangile !

Le pape se frotte les mains. Quelle aubaine, ce Louis ! Et si – se dit-on à Rome –, si on lui suggérait d'adopter pour le partage l'Ordinatio imperii, l'ordonnancement de l'empire ; en plus clair, si on lui conseillait de transmettre le tout à son aîné, seulement. Et nous par-derrière, gagnants à tous les coups pour la perception d'impôts d'Église…

Louis, consulté, s'enferme pendant trois jours, seul, dans un monastère. Il jeûne et prie. Soudain, une illumination venant on ne sait d'où le transporte. Il sautille de bonheur vers la sortie du monastère. Il convoque sa garde morale et romaine : « Lothaire, mon aîné, est le seul héritier de mon empire, mais j'en donne quand même un morceau à chacun de mes autres fils, l'Aquitaine à Pépin, et la Bavière à Louis. Et chaque année, mes trois fils viendront me voir, dans la paix et la félicité, ils m'offriront des cadeaux, et puis ils chercheront ensemble tous les moyens pour maintenir une paix sans fin. »

Louis a trop jeûné, ou pas assez : il a oublié son neveu Bernard, qui va perdre dans l'affaire son royaume d'Italie ! Bernard se révolte, mais se calme bien vite. Trop tard, Louis est fâché et le condamne à mort.

Trop cruel ? Oui, il commue la peine en énucléation totale. Ceux qui sont chargés de l'opération arrachent donc les deux yeux de Bernard, cautérisent l'orbite au fer rouge.

Bien que le travail soit accompli fort habilement, Bernard meurt deux jours plus tard, à cause des conditions d'hygiène un peu douteuses. Louis en est bien marri, puis désespéré. Il va en pleurer pendant des mois. Et continuer en 818, lorsque meurt Ermangarde, sa femme. Puis il pleure de bonheur lorsqu'il épouse Judith de Bavière.

Cinq ans plus tard arrive un petit Charles ! Et voilà tout le partage remis en question, car Judith veut doter, et bien doter, son petit Charles, ce qui est fait en 829. Les trois frères se mettent alors en guerre contre leur père. Pauvre Louis, il est humilié par ses fils, qui l'obligent à faire pénitence publique en 833, puis, il est destitué, envoyé dans un monastère. Mais, dès 834, rien ne va plus ! C'est la guerre civile dans l'empire. Et en 835, on retourne le chercher !

Ah, Louis le Pieux, empereur des malchances, berné souverain, prince des bévues, vous mourez en 840 sur une île du Rhin, à Ingelheim, alors que vous prépariez une nouvelle campagne guerrière contre… vos fils !

Ils se battront sans vous, vos fils, jusqu'en 843, jusqu'à ce qu'ils se mettent d'accord et partagent enfin votre empire à Verdun. Au chouchou de Judith, Charles – Charles II le Chauve – revient la Francia occidentalis. La France ? Pas encore… mais presque.

4

Philippe de France…
Ah ! le cochon !

(1131)

« Louis VI, dans ton palais royal en l'île de Paris, Louis VI, la tour que tu élèves en cette année 1131 monte vers le ciel pendant que Dieu, qui te regarde, laisse croître sa colère ! Pour qui te prends-tu, Louis VI le Gros ? Bien d'autres avant toi ont voulu égaler le Divin. Te rappelles-tu leur funeste destin ? Lis ce poème du saint moine Grégoire de Nazianze, béni de Théodose, voilà sept cents ans, tu y trouveras ton image, celle de Lucifer !

Lucifer, le tout premier des anges, s'étant élevé trop haut
Espérant que Dieu le comble d'honneurs,
Perdit sa splendeur et tomba dans la disgrâce,
Tout entier dans les ténèbres, mais il ne chut pas seul :

Tous ceux à qui il avait enseigné le vice, tombèrent avec lui sur Terre.
Et c'est lui, Lucifer, qui gouverne la foule des méchants
Afin que ne cesse de croître la souffrance des hommes.

« *Louis VI, c'est moi qui t'appelle, moi, Bernard de Clairvaux, moi qui te préviens ! Pourquoi te mêles-tu de nommer les gens d'Église ? N'est-ce pas le rôle de notre pape Innocent II, successeur de Pierre l'apôtre ?*

« *Moi, Bernard, qui ai fondé à Clairvaux le monastère que tu connais, moi qui y ai fait entrer toute ma famille, mon père, mes cinq frères y devenant moines, ma sœur y prenant l'habit, moi, Bernard, chéri de Dieu, qui reçoit comme la plus belle offrande de notre vallée de misères nos pénitences, notre chasteté, notre humilité, je te mets en garde, Louis VI ! Laisse au pape le pouvoir spirituel. Contente-toi du temporel. Dans l'Église divine, tu es un serviteur, pas un maître.*

« *Ne t'obstine pas, Louis VI le Gros ! Dans un songe, le séraphin d'Isaïe, aux trois paires d'ailes, m'a visité. Et voici ce qu'il m'a dit : "Dis à ton roi que la colère de Dieu a passé la mesure ; qu'il redevienne son humble serviteur, sinon, son fils préféré, le jeune prince Philippe, mourra dans l'année."* »

An de grâce 1131. Treizième jour d'octobre. Jour de malheur. Paris ce soir a dissous ses maisons, ses rues et son fleuve dans les ténèbres du deuil. Paroissien de Saint-Séverin, j'ai vu ce matin le monde éclater dans la main de Lucifer. Ce qui me reste du temps que j'ai passé dans la rue des Écoliers près de la Seine, face à l'île de la Cité, c'est un peu de latin, assez pour retrouver dans ce nom du démon Lucifer : *lux*, *lucis*, la lumière ; et fer, issu de *ferre*, le porteur. Lucifer, le porteur de lumière. Mais quelle lumière ? N'est-ce pas plutôt le feu brûlant, ô Dieu d'affliction, Dieu d'injustice qui permet à l'abominable de traverser le jour paisible ?

Du temps des Écoliers, je me rappelle aussi ce passage d'Isaïe, 14, 21 : « Préparez le massacre des fils, à cause de l'iniquité de leurs pères ! Qu'ils ne se relèvent jamais pour conquérir la terre, et remplir le monde d'ennemis ! »

Qui pourra dans mille ans imaginer nos rues, trois pas de largeur, des boutiques de chaque côté avec auvent et comptoirs, ouverts dès le matin, laissant à peine passer le chaland. Boutiques d'étoffes, de vanneries, de poteries, d'objets en étain, marchands de pain, débiteurs de vin, vendeurs d'œufs, de viande…

Et derrière ces boutiques, des poulaillers, des stalles où sont attachés veaux et vaches, des porcheries où grognent les cochons. Et rien ne fermant de façon sûre, tout le jour se faufilent entre les jambes du chaland la poule et le cochon noir, les chiens de passage puant le cadavre où ils se sont roulés. Un veau égaré est rattrapé par le boucher, qui l'assomme et l'égorge sur place…

Mais ce n'est rien encore. Tout ce qui ne sert pas à nourrir le ventre des hommes est là, jeté au milieu de la rue, qui a la forme d'une rigole grasse et putride. On y voit sous le soleil les tripes roses et ivoire d'une panse de bœuf occis du jour, on y marche sur des poules crevées, on y patauge dans l'immondice.

Et le matin, le passant mon frère, mon ami, se méfie m'entendant crier de ma fenêtre, à l'étage : « Gare l'eau, gare l'eau » ; c'est que je jette au vent le produit de ma nuit, et parfois de mon aurore. L'orage vient de temps en temps et met en mouvement la masse fétide des rues infectes, avec de bonnes averses et un peu de chance, jusqu'à la Seine.

C'est dans ce Paris que vit notre roi en son palais de l'île de la Cité, notre roi Louis VI et la reine Adélaïde de Savoie. C'est dans ce Paris qu'ils aiment présenter à ceux qu'ils croisent leur fils Philippe, beau et doux jeune homme de quinze ans, au regard assuré, sacré roi selon la volonté de son père voilà deux ans à Reims, partenaire de ses parents pour toutes les décisions royales. C'est dans ce Paris devenu poussière et vent dans mille ans que Lucifer a planté ses griffes odieuses et cruelles, sa patte sournoise, vers midi tout à l'heure.

Monté sur son cheval caparaçonné de bleu azur à liserés d'or, magnifique sous les yeux des vassaux accourus pour l'ost lancé par Louis, splendide sous les regards cajoleurs des jeunes filles comme roses en bouton, le prince Philippe de France a quitté le palais de son père pour prendre la tête des troupes attendues dans le Vexin.

Il fallait bien qu'il emprunte la rue de Saint-Germain, un peu plus large, pour aller dans le faubourg où l'attendait son commandement. Il fallait bien qu'il aille au pas afin de ne point renverser les chalands. Il fallait bien que les sabots de sa monture pataugent dans l'ordure puisque la dimension de la rue en augmente la capacité de réception. Il aurait suffi d'un rien pour que la tragédie ne résonne pas de siècle en siècle jusqu'à s'éteindre peut-être puisque même les marbres les plus durs perdent les lettres qu'on leur confie.

Voici : un jeune gardien de porcs, dans un endroit où la rue rejoignait un petit champ, levant la tête, ébloui par le prince, a laissé s'échapper une de ses bêtes qui s'est affolée. Elle s'est jetée dans les pattes du cheval d'azur, qui s'est cabré, a désarçonné le prince, dont la tête a heurté une grosse roche. Et puis, le cheval cabré encore, les antérieurs battant l'air, est tombé lourdement en arrière, sur Philippe de France, peut-être déjà mort. C'est tout.

On a transporté le pauvre corps dans une maison proche.

Ô Dieu, qu'avez-vous permis là qui met au jour l'image du plus grand chagrin qui soit, du désespoir, celui de Louis VI, celui d'Adélaïde notre reine, accourus sur le lieu où l'âme de leur enfant venait de s'envoler ? Ils ont prononcé des paroles contre vous, à finir au bûcher. Mais le ministre Suger était là, qui a su les remettre sur la voie de la foi, du moins, tant que j'ai pu les voir.

Et puis j'ai vu enfin, mais cela vaut-il que je le dise, un grand personnage de l'Église qui, par hasard, se trouvait dans l'escorte. Il a croisé mon regard, et, depuis, un malaise d'âme se répand en moi, comme une lumière acide, une brûlure.

Sans doute est-ce un saint homme, ce Bernard de Clairvaux, que j'ai reconnu pour l'avoir écouté en chaire à Saint-Séverin. Mais ce sourire de fauve après la chute du prince, ce regard vers le ciel, ces nuées soudain en déroute… Allons, passant que je suis, continue ta vie et laisse à l'histoire ses terribles silences où les anges passent.

5

Tobias, Isaac, le biau roi et les frères d'Aunay

(1314)

« Le temps viendra-t-il, Tobias, où nous pourrons marcher dans la rue sans la crainte de l'insulte et du crachat ? Quand donc naîtra l'ère nouvelle qui nous sauvera de l'errance, nous protégera des souverains et des seigneurs qui nous possèdent comme un bétail, un cheptel de rapport, nous pillent, nous tuent, nous chassent ou nous rappellent quand bon leur semble ?…

– Isaac, ce temps viendra. Patience. Le roi, c'est la puissance, le seigneur, la violence, et nous, sous leurs ruées féroces, nous tenons, Tobias, nous résistons. Que veux-tu que nous opposions aux gueules avides de leurs blasons ?

– La mémoire, Tobias, la mémoire… Ce qui va se passer sous nos yeux est trop affreux pour ne pas dévaler les siècles et frapper en tout temps les yeux et les tympans des passeurs de récits. De cette justice royale, on parlera. De nos malheurs et de nos misères, de nos exodes et de nos pleurs, rien ne sera dit dans le royaume des temps futurs.

– Alors, Isaac, qu'il y ait parmi nous, toujours, un veilleur, pour consigner tout cela et le donner en héritage à nos enfants, et aux enfants de leurs enfants. De la sorte, avant qu'il soit longtemps, nous préviendrons les plus cruelles attaques des souverains...

– Le roi Philippe nous a anéantis...

– Philippe le Bel, le biau roi ! Le faux, le mauvais et l'injuste contre nous... Une taille bien au-dessus de l'ordinaire, une allure lente, élégante et fière, un visage où l'harmonie épouse la volonté, l'énergie, l'audace. Et ses sujets aiment les carrures flatteuses ; à grand corps, hautes idées, propos sûrs, choix souverains, même si tout cela prend sa source dans le mensonge, le mépris et la pitrerie des saltimbanques ! Même si les yeux bleus du Biau sont de métal et de glace, le chemin le plus sûr vers la mémoire de son grand-père Louis IX, qu'il a fait canoniser en 1297, voilà dix-sept ans !

– Louis IX et ses croisades de mort, Louis IX et les derniers cathares de Montségur... Louis IX, qui fait brûler vingt-quatre charrettes de notre Talmud en place de Grève, vole nos enfants pour en faire de bons chrétiens. Louis IX, qui nous écarte de tous les métiers, sauf celui de l'usure, qu'il juge sale...

– Louis IX, qui nous oblige à porter la rouelle jaune, cette rondelle qui rappelle les trente pièces d'argent données à Judas au jardin de Gethsémani parce qu'il aurait vendu Jeshua, Jeshua Christos aux soldats romains.

Louis IX, qui, cinq ans plus tard, exige notre départ vers les frontières !

– Louis IX, un saint ! Saint Louis ! Lui qui a dit : “Si quiconque s'avise de médire de la foi chrétienne, on doit donner de l'épée dans le ventre autant qu'elle peut y entrer”...

– Et cette épée nous tient toujours en respect, Isaac, nous, le peuple qui a préféré libérer Barrabas plutôt que leur messie...

– Nous, dès l'avènement du biau roi Philippe, déclarés sa propriété, en partage avec les seigneurs. Nous, obligés d'acheter la protection royale en payant un impôt écrasant. Et puis, les plus riches d'entre nous, les orfèvres, arrêtés en 1295, parce que le Biau a besoin d'argent, toujours plus d'argent... Arrêtés et conduits dans la prison du Châtelet, pendant que l'on s'empare de tous leurs biens, que l'on vole leurs objets précieux revendus au plus offrant, et tout cela pour les caisses du roi.

– Vides encore, les caisses, en 1306 ! Alors le Biau devient ignoble : il lance une rafle, nous fait mettre en prison dans Paris, les grandes villes et les campagnes le 22 juillet ! Quelques jours plus tard, on nous chasse du royaume ! Je me rappelle ces temps affreux où nos amis, nos voisins, nos parents ont entassé dans de pauvres charrettes auxquelles ils s'attelaient quelques coffres, des draps, des outils, leurs livres, leurs objets sacrés. Et sous leurs yeux, on s'emparait de leurs maisons, on foulait en nouveau propriétaire leurs terres et on leur riait au nez avant de leur envoyer des volées de coups de bâton.

– N'oublie pas, Isaac, ceux qui ont trop attendu pour s'en aller ! Une deuxième rafle a été lancée le 25 juillet 1306, des archers partout, des soldats du roi qui défoncent les portes, qui jettent dans la rue les femmes, les enfants, les impotents, tous ceux qui n'avaient pas la force de quitter leur logis. Combien sont morts, Isaac, le long des chemins vers les frontières, combien n'ont eu pour linceul que les étoiles, et pour ultime prière le désespoir !

– Et le biau roi, celui qui est là, aujourd'hui, en ce 19 avril 1314 à Pontoise, place du Grand-Martroy, assis sur l'estrade, en train d'assister, impassible, à la plus affreuse exécution jamais conduite sous le ciel de France, et qu'il a ordonnée, ce biau roi, en 1306, après nous avoir tout pris, ordonne que l'argent qui nous est dû par ceux à qui nous l'avons prêté, doit lui être rendu, à lui, puisque nous lui appartenons, puisque nous sommes son bien ! Les seigneurs osent protester : nous sommes aussi leur cheptel de rapport ! Alors le Biau partage avec eux nos domaines, pas l'argent, et tout ce monde s'enrichit, fait bombance sur notre peine et sur nos larmes.

– Combien s'en sont allés en cette année 1306, quittant Paris, l'Île-de-France, la Champagne, la Normandie, la vallée de la Loire, le bas Languedoc, vers l'Alsace ou la Provence, la Savoie, l'Italie, l'Espagne… Plus de cent mille ! Combien sont arrivés ?… Là-bas, on leur a demandé leur nom. Certains ont dit celui de la ville où ils étaient nés, les Narboni, de Narbonne, les Bedersi de Béziers. Et beaucoup ont répondu, des larmes dans les yeux, Sarfati, le nom hébreu de la France… Ils ne savaient pas que, déjà, le biau roi avait vendu pour lui leurs écoles, leurs synagogues et leurs cimetières.

– Ils ignoraient, Tobias, que l'une de ces synagogues avait été donnée en cadeau par le biau roi à son charretier ! Convertis, masqués par un nom qui se fond ici aux autres “Magilla”, dans notre langue “longue histoire”, nous avons survécu !

– Et les nôtres reviendront, j'en suis sûr, dès que le rapace aura desserré ses griffes, il ne veut pas se déjuger aujourd'hui, mais il se dit partout que les sujets du royaume qui pratiquent l'usure à notre place le font dans des conditions inadmissibles où nous étions, nous, mesurés.

– Isaac, qui dira notre histoire de misère et de douleur dans les temps à venir ? Crois-tu que l'image du biau roi portera comme une tache notre exode ? Ou bien ce jour d'hui couvrira-t-il d'un voile unique d'abjection ses autres crimes confondus ?

– Tobias, un jour, dans mille ans, peut-être, un enquêteur des temps passés viendra fouiller les années que nous vivons. Et il découvrira ce qui se passe sur cette place de Pontoise. Et son récit pourrait bien être semblable à celui que je vais te dire :

“Le roi Philippe le Bel avait trois fils, Louis, Philippe et Charles. Les trois frères épousèrent trois princesses de Bourgogne. Louis devint le mari de Marguerite en 1305, Philippe celui de Jeanne en 1306. Charles épousa Blanche, la sœur de Jeanne, en 1308. Voilà donc trois couples royaux promis au bonheur : Louis et Marguerite, Philippe et Jeanne, Charles et Blanche. Oui mais… Les trois jeunes femmes, qui avaient entre dix-neuf et vingt-trois ans, aimaient se distraire, rire, virevolter dans les fêtes, briller au palais, et charmer ceux qu'elles côtoyaient. C'était un vif plaisir de les voir, complices de tous les jours, prendre des airs de conspiratrices pour des bagatelles, envoyer de mutines œillades aux barbons, par jeu, et danser jusqu'au petit jour de folles tarentelles ou des branles endiablés.

"Au début de juin 1313, les trois fils du roi devinrent chevaliers. Ce fut le début d'une semaine de fêtes telles que l'on n'en avait jamais vu à Paris. Le lundi, par les rues pavoisées, défilèrent vingt mille cavaliers suivis d'une procession de trente mille artisans, commerçants... Tous les corps de métier étaient représentés. Le lendemain et les jours suivants, on mangea et on but sans retenue sur la caisse du roi. Le vin coulait de fontaines installées au bord des rues ; l'île de la Cité et l'île Notre-Dame, face à l'île aux Vaches, avaient été reliées par un pont de bois, et, sur leurs prairies, des tables étaient dressées, où l'on mangea et but toute la nuit, en s'extasiant de voir comme en plein jour, des torches accrochées aux murs éclairant la ville la semaine entière, même en plein midi ! Aux carrefours on croisait des montreurs d'ours, de léopards, de lions, on suivait le *Jeu de saint Nicolas* ou le *Jeu de la feuillée*, on assistait au Jugement dernier, on s'amusait aux bons tours de Renart, et partout des chants et des danses donnaient aux rues l'image des allées du paradis.

"Outre ses trois fils, le roi Philippe le Bel avait une fille, Isabelle, mariée au roi d'Angleterre, Édouard II, un homme qui préférait les hommes et ne s'en cachait guère. Le couple royal anglais, invité d'honneur, assista à toutes les festivités. Pauvre Isabelle ! La rancœur, la tristesse et la jalousie envahirent son cœur au spectacle de l'étourdissant bonheur de ses belles-sœurs Marguerite, Jeanne et Blanche. Les fêtes terminées, elle regagna Londres, mortifiée, se terrant dans son château humide, et passant sa rage sur l'ouvrage de broderie qu'elle avait décidé de commencer, trois aumônières, une pour chacune de ses belles-sœurs ; ainsi, piquant l'aiguille dans le tissu avec colère, à s'en mettre le bout des doigts en sang, elle apaisait par ces simulations de torture son désir de tourmenter la chair de ses belles-sœurs radieuses au point que l'on ne pouvait douter qu'elles alignassent au quotidien des extases répétées en partage…

“Mais en partage avec qui ?… Pas avec leurs tristes maris, les fils du roi, aux mines chafouines, aux genoux à prie-Dieu ! Et, dans le cours de ces pensées fielleuses, Isabelle revit une scène troublante qui s'était déroulée lors de son arrivée à Paris. Parmi tous les seigneurs qui lui avaient été présentés, elle avait remarqué Philippe et Gautier d'Aunay, deux jeunes hommes bâtis de façon idéale, au visage et à la jambe superbes, le regard doux et puissant à la fois, annonçant de belles joutes secrètes avec leurs élues, quelles élues ?… Elle se souvint alors de la surprenante familiarité qu'ils entretenaient avec ses belles-sœurs, Marguerite et Blanche, Jeanne couvant tendrement de son regard ce bouquet de fleurs bleues, sans s'y joindre.

“Lorsque les aumônières furent terminées, Isabelle s'empressa de les envoyer à ses belles-sœurs, et, en mars 1314, elle arrivait elle-même à Paris, les doigts cicatrisés, mais le cœur incendié du soupçon qu'elle avait formé contre Marguerite, Blanche et Jeanne. Elle passa quelques jours en compagnie du biau roi son père, ne disant mot de son infortune anglaise, imaginant à Londres son Édouard batifolant avec ses mignons, et se disant qu'à sept lieues de Paris, dans la retraite de Maubuisson où elles passaient le plus clair de leur temps, ses belles-sœurs devaient s'entretenir joyeusement de leur félicité de femme, portée à son acmé par les fières ardeurs de certains chevaliers. Les frères d'Aunay… Isabelle en était sûre ! Mais il fallait le prouver.

"Fut-ce une naïveté ou une perfidie délibérée des trois jeunes princesses contre celle dont elles sentaient l'âme et le corps rabougris de l'amertume des 'sans-plaisir' ? Marguerite et Blanche, sous la protestation affectueuse mais peu appuyée de Jeanne, décidèrent d'offrir à leurs hercules leur aumônière, et elles leur demandèrent de l'accrocher bien en vue sur leur habit, de sorte qu'elle retombât sur leur hanche en un mouvement confinant à l'intime, propre à éveiller le plus vif désir. Et c'est ce qu'ils firent. Un grand banquet réunit tout ce joli monde quelques jours plus tard. Isabelle pâlit : ses aumônières légèrement ouvertes caressaient mollement, au-dessous des reins, les deux chevaliers d'Aunay, radieux et stupides, qui signaient leur arrêt de mort.

"L'affaire fut promptement menée : Isabelle avertit le soir même son père que ses belles-filles avaient des amants, que ces amants portaient le nom de Philippe et Gautier d'Aunay, qu'elle en détenait la preuve, enfin, non, qu'elle ne l'avait plus, mais que tout cela était vrai, et plus que vrai. Le biau roi courut à Maubuisson. Ces jours-là, les princesses séjournaient à Paris, au sommet de la tour de Nesle en de jolies chambres aux fenêtres aveugles, aux murs tendus de satin rouge, aux lits bordés de soie blanche, aux discrètes lampes à huile, toujours allumées, maintenant une pénombre feutrée, douce et propice aux contentements de toutes sortes.

"Le Biau savait que dans la chapelle de Maubuisson l'attendaient les mânes de son arrière-grand-mère à la morale de fer, Blanche de Castille ; celles de son grand-père Louis IX, dressé aux mêmes réflexes moraux sous la férule de sa mère, guettaient aussi son arrivée. Il y eut dans le silence recueilli du lieu sacré, près du tabernacle, un conciliabule invisible mais énergique, le Biau à genoux s'agitant sur son prie-Dieu. Lorsqu'il revint à Paris, le sort des frères d'Aunay, arrêtés en plein divertissement dans les soies et satins de la tour de Nesle, allait suivre le programme habituel de la robuste justice de l'époque : la question ordinaire et extraordinaire appliquée dans les salles du Petit Châtelet, et le grand spectacle de la mise à mort. Plus de cinquante personnes de près ou de loin complices de l'affaire furent dans le même temps étranglées discrètement, poignardées, ou bien encore pour cet huissier surveillant les arrivées des chevaliers dans la tour, cousu dans un sac et noyé vivant dans la Seine.

"L'exécution de Philippe et Gautier d'Aunay eut lieu à Pontoise, tout près de Maubuisson, sans doute pour que les mânes de Blanche de Castille et de Louis IX fussent aux premières loges. Les frères furent conduits en charrette sur le lieu du supplice. Lorsqu'ils parurent sur l'échafaud, le bourreau s'en empara, les étendit en croix sur une roue de charrette posée en hauteur, liant leurs bras et jambes à ses rayons.

"Puis il entailla la peau sous leurs pieds, sur leurs flancs et leur visage. Il la souleva ensuite avec un coutelas à large lame, afin de la décoller des chairs. Elle s'en détachait par lambeaux flasques lancés comme de l'ordure dans le coin de la plate-forme. Des deux corps sanguinolents s'échappaient d'horribles appels.

"La barre de fer carrée du bourreau s'abattit ensuite sur les coudes et les genoux des suppliciés ; ces jointures se brisèrent d'autant mieux qu'à leur emplacement avaient été creusées au-dessous, dans le bois des rayons, des gorges qui donnaient à la barre un supplément de course permettant une cassure franche des os ; on les entendait craquer comme du bois sec. Et la rumeur s'enflait comme une houle avant chaque ahan de l'exécuteur, dans une sorte de ferveur féroce et justicière. Du plomb bouillant mélangé à du soufre fut ensuite versé sur la plaie sans nom qu'étaient devenus les deux amants punis.

"Était-ce le résultat du conciliabule de la chapelle de Maubuisson ? Le biau roi avait poussé l'horreur jusqu'à faire installer Marguerite, Blanche et Jeanne chacune dans un chariot bâché, mais dont un côté libre et garni de barreaux permettait la vue du spectacle. Et ces chariots furent approchés de l'échafaud dès que débuta l'écorchement.

"De sa meute, Philippe le Bel avait fait venir les chiens les plus voraces. Au bourreau fut donné l'ordre de couper les parties viriles des chevaliers, lentement, puis de les jeter aux molosses qui les avalèrent d'un coup, rageusement, étonnés du si peu de nourriture qu'on leur servait. On laissa une heure les deux chevaliers à l'agonie, qui bougeaient affreusement, dégouttant de sang. La rumeur dans la foule présente réclama la décapitation, ce qui fut fait. Les corps des frères furent ensuite traînés dans les rues de la ville, et pendus au gibet public par les épaules. Leur cadavre demeura exposé à la vue de tous, et personne ne douta que la justice du roi ne fût impitoyable."

– Comment connais-tu la fin de l'histoire, Isaac ? Nous n'en sommes qu'à l'écorchement, et les frères crient d'atroce façon…

– Ces exécutions connaissent toujours le même épilogue, Tobias, toujours…

– Voilà donc ce que l'on dira dans mille ans, Isaac ?

– Oui, et je suis sûr qu'il restera encore des âmes assez puissantes et inquiétantes pour soutenir la vue de ces images ressuscitées à travers des mots. D'autres fuiront et accuseront notre époque de sauvagerie, diront du Biau qu'il fut un monstre et un fou. D'autres encore, les plus nombreux, demeureront indifférents, parce que, sur eux, la mémoire glisse comme la pluie sur les canards…

– Alors, Isaac, nous, nos exodes, nos souffrances, nos pleurs, notre impuissance devant le Biau et toute sa famille à travers les siècles ?…

– La mémoire aime les anecdotes, Tobias, ce que nous voyons en est une. Ce que nous avons subi et subirons encore est une histoire. Conserve-la en toi, Tobias, et transmets-la aux tiens afin que, de siècle en siècle, elle atteigne les temps où tous réunis, devenus forts par l'esprit, nous pourrons la conduire sous la lumière crue des lâchetés, des mensonges et des haines qui nous poursuivent, et qui s'achèveront alors.

– Quand, mais quand, Isaac ?

– Dans mille ans, Tobias…

– Peut-être plus ?

– Peut-être moins. »

6

Holà, Jean de Luxembourg, holà…

(1346)

12 juillet 1346. Saint-Vaast-la-Hougue, port de la Manche. Le roi d'Angleterre, Édouard III, débarque sur le sol de France. À ses hommes d'armes, il lance « Ne faites aucun mal à ceux que vous rencontrerez, car je suis dans mon royaume ! » Édouard III est le petit-fils de feu le roi de France Philippe le Bel. Les fils de celui-ci n'ayant pas fourni d'héritier, c'est son neveu qui est monté sur le trône, prenant le nom de Philippe VI de Valois. Et c'est inadmissible pour Édouard III, qui a donc préparé en six mois le débarquement de près de quinze mille hommes sur « ses terres ».

Quinze mille demi-sourds sans doute, car la consigne « Ne faites aucun mal… » aborde les esprits des chevaliers, des archers, des coutiliers, des fantassins, amputée de sa forme négative ; et ces gens de guerre anglais, marchant sur un front de vingt kilomètres, vont raser, piller, violer, incendier, massacrer tout ce qui se trouve sur leur chemin.

Un chemin qui les conduit à Saint-Lô d'abord : la ville est brûlée, tous les habitants passés au fil de l'épée. Jusqu'à Caen, la campagne est dévastée. Le prince de Galles, seize ans, fils d'Édouard III, organise l'attaque de Caen. La ville ne résiste pas longtemps. En quelques jours, plus de cinq mille cadavres de femmes et d'hommes, de vieillards et d'enfants jonchent les rues de la cité. « Et maintenant, Rouen ! » lance Édouard.

À Paris, le roi Philippe VI de Valois tourne en rond. Que faire ? Il a chargé des messagers de négocier la paix avec Édouard III. C'est non. Alors, Philippe VI commence à réunir l'armée des chevaliers, à faire venir des centaines d'arbalétriers génois, à rassembler des fantassins. Et puis, Jean de Luxembourg, roi de Bohême, lui a proposé trois cents cavaliers tchèques et allemands, des cavaliers comme des fers de lance, capables de percer les lignes de n'importe quelle armée ennemie ! Voilà ce que Jean de Luxembourg a offert à Philippe VI, dont il est un familier.

Jean de Luxembourg, arrière-petit-fils de saint Louis, toujours chevauchant, toujours en route vers l'Italie, vers la Pologne, dont il vise le trône ! Par monts et par vaux, Jean de Luxembourg nourrit un projet fou : lancer une nouvelle croisade en Terre sainte ! Tout cela coûte de lourds impôts à ses sujets, mais son image s'auréole de la gloire du parfait chevalier, toujours entre deux défis, deux tournois, fidèle à son Dieu qu'il s'en va remercier de ses victoires au sommet d'un petit village du Quercy : Rocamadour.

Plus admirable encore : depuis l'âge de quarante-quatre ans, il a perdu la vue sans jamais cesser ses chevauchées ! Parfait chevalier, Jean de Luxembourg ? Oui, enfin, presque…

Rouen. Édouard III ne se sent pas de taille à emporter la ville. Il lui faut trouver un pont sur la Seine pour gagner un port sur la Manche afin de retourner en Angleterre. Point de ponts : trop bien gardés ou détruits. Et Philippe VI qui commence à faire mouvement… Édouard va longer la Seine et presque atteindre Paris pour se retrouver enfin sur la rive droite et fuir, fuir vers le nord, jusqu'au rivage où l'attendent ses bateaux. Mais les Français le rattrapent. Le 26 août 1346, les deux armées se rencontrent à Crécy-en-Ponthieu, au nord d'Abbeville.

D'un côté du champ de bataille, dix mille hommes répartis en deux lignes et, sur les ailes, masqués par des taillis, des archers munis du *longbow*, un arc redoutable, en bois d'if, deux mètres de haut, capable de décocher dix flèches d'un mètre par minute, des flèches qui vous transpercent la jambe d'un chevalier et vous la fixent au ventre du cheval, par exemple… Ce sont les Anglais.

De l'autre côté, ce sont les Français : des chevaliers rutilants dans leur armure frappée d'armoiries aux couleurs vives, des diables de fer menaçants et ridicules qui avancent en désordre depuis Abbeville, d'où les derniers ne sont pas encore partis. En avant de cette ligne mal formée, lourde et mouvante, les arbalétriers génois et des fantassins ont été placés en plusieurs épaisseurs que précèdent les cavaliers de Jean de Luxembourg.

À cinq heures du soir, la bataille s'engage. Soudain, un orage éclate. Les cordes des arbalètes se détendent et c'est une misère de voir leurs carreaux, leurs flèches mourir à quelques pas des tireurs.

Pendant ce temps, dissimulés, les archers anglais commencent à transpercer les premières vagues d'arbalétriers et de fantassins, qui alors font demi-tour. Mais les chevaliers français avancent toujours. Et l'on entend cet ordre incroyable du roi Philippe VI : « Tuez toute cette ribaudaille, ils nous empêchent la voie ! »

Les Anglais n'en croient pas leurs yeux, leurs ennemis s'entre-tuent en face d'eux ! Tant de bêtise en si peu d'espace… Les chevaliers dans le plus grand désordre arrivent sur les premières lignes anglaises. Ce qu'ils cherchent, c'est l'exploit personnel, l'action de légende, celle qui passera les siècles et deviendra chanson de geste !

Les archers visent les naseaux des chevaux, qui se cabrent, désarçonnent leur cavalier. Tombé à terre, prisonnier de son armure, il ne peut plus bouger. Alors surgissent les coutiliers qui enfoncent leur long poignard fixé à un manche de bois dans les interstices de l'armure – comme un ouvre-boîte…

La situation est critique. Mais, tout à coup, arrive d'Abbeville avec d'autres retardataires Jean de Luxembourg, roi de Bohême, Jean l'aveugle, le parfait chevalier ! Il décide de se lancer dans la bataille. Oui mais… n'y voyant goutte, il est capable, s'élançant seul, de repartir au galop vers Abbeville, ce qui ne servirait à rien.

Il demande donc à être enchaîné à deux de ses écuyers. Et l'étrange attelage s'élance dans la mêlée. Et le parfait chevalier commence à mouliner avec son épée, debout sur ses étriers, à droite, à gauche, frappant, frappant encore, d'estoc, de taille, hardi, hardi, Jean de Luxembourg !

Oui mais… au premier moulinet, il a fendu le visage de son propre écuyer ! Au deuxième, la tête d'un de ses gens à pied, au troisième enfin, un Anglais qui passait par là, mais au quatrième, encore un Français. « Oh, oh », entend-on dans la mêlée confuse… Il va falloir… il faudrait… Et bientôt, c'est fait : Jean de Luxembourg, Jean l'aveugle, le chevalier parfait, est transpercé d'une lance, criblé de flèches, mort, les yeux grands ouverts.

Le lendemain, des hérauts viennent reconnaître les morts sous leur armure : plus de mille cinq cents chevaliers français dont le frère et le neveu du roi, des ducs, des comtes, et des meilleurs ! Et des milliers d'anonymes, fantassins, arbalétriers, de pleines fosses communes.

Côté anglais : cinquante hommes d'armes seulement et autant d'archers ont perdu la vie. Une leçon d'économie, Crécy !

Côté anglais enfin : un témoin fasciné, quand même, par le sacrifice héroïque de Jean l'aveugle décida au soir de la bataille d'adopter son cimier composé d'ailes d'oiseaux, et de faire sienne sa devise *Ich dein* : « Je sers. » Et ce témoin bouleversé par la bravoure exemplaire du parfait chevalier avait pour nom Édouard de Woodstock, c'était le fils d'Édouard III : le Prince Noir.

7

Charles le Fol en son royaume

(1417)

Dans mon royaume, les nuages ont des bras de laine plus puissants que le fer, et parfois, ils s'engouffrent dans les couloirs où je les attends. Mes armes s'enfuient alors. Et je dois les poursuivre afin de me défendre. Bientôt, chaque bras de ces nuages devenus brume enlace les colonnes, jusqu'à leur sommet. Il faut alors que je les escalade pour dénouer les fils de pluie qui gâtent la pierre et peuvent lancer sur moi, à la façon des frondes, des morceaux d'astragale. Ce qui me sauve à toute heure contre ces bras sournois, c'est mon cri. L'effet sonore répercuté jusque dans les pièces les plus hermétiques tient à distance les puissances qui gouvernent mon palais. Je suis le roi Georges. Mon emblème, c'est le lion. Mais un lion transpercé de l'épée qui me cherche et me fuit. Le lion pare les coups. L'épée de colère et de sang, l'épée indomptée, tant qu'elle embroche la force, devient soumise. Dans mon royaume, par beau temps, les fleurs s'envolent et tuent d'un coup sec les papillons au vol empoisonné. Les arbres traversent laies et layons de la forêt, marchent de grave façon, et peuvent assommer un cheval sur un simple doute. Tiens, prends ce coup, malappris qui m'empêche le passage, tiens sur ton écorce, ce coup de la lame que je cache en ma chair… Allez, va ou je coupe tes branches, je t'abats ! Des ombres de femmes et d'hommes m'approchent. Et de leur voix sourde m'épellent le grand alphabet divin : « Mon Dieu, sauvez-le, mon Dieu ! Mon roi Charles, venez, n'ayez pas peur, venez là, contre moi, asseyez-vous, les nuages ont fui, vos chevaux vous attendent… » Alors oui, pour elle seulement, je veux bien cesser le combat. Je veux bien revenir de la forêt où je me suis caché à cause du ciel de granit, et parce qu'une femme emmitouflée dans son rêve m'y avait convié. Ô femme ! Puisqu'en toi règne l'étincelant vertige de l'infini, pourquoi permets-tu à l'éternité les effractions que nous sommes, nous les rois, nous les êtres aux sujets de discorde ? Ô femme, viens, oui, je cesse ma course, viens que je te donne en partage mon être vif et brûlant. Tu m'as dit que je me consume ainsi plus de vingt fois par jour, et me dissous comme en agonie soudaine… Oui, femme, je m'assois… Raconte-moi encore qui fut cette passante en velours écarlate, au gorgerin bleu de nuit…

« Charles, mon roi, mon ami, mon doux aimé, calmez votre cœur, vous avez assez couru dans les couloirs de l'hôtel ce matin. Là, là… Reprenez votre souffle. Charles, mon ami, la reine Isabeau venait vous saluer, mais elle a craint de vous déranger dans votre course…

– La reine Isabeau ? Je ne connais pas cette personne, je ne veux pas la voir ! Odinette, par pitié, que cette créature ne me tourmente plus…

– Charles…

– Je suis Georges, Odinette mon aimée, je suis Georges, le roi Georges ! En mon pays, nul emblème de la royauté n'est supporté, voilà pourquoi…

– …vous les avez tous brisés au marteau ici, tous, il n'en reste plus où vous marchez, où vous courez, où vous vivez, mon roi. Charles…

– Puisque vous le voulez… Alors, cette femme écarlate…

– Vous êtes le fils d'un grand roi, Charles V, qui est mort lorsque vous aviez douze ans. Deux années auparavant, vous perdiez votre mère, Jeanne de Bourbon…

– Jeanne, ma mère Jeanne… Ô ciel, me voici, me voici… Qu'ai-je fait, pourquoi ces taches de sang sur la pierre…

– Un de vos serviteurs tout à l'heure est passé devant vous…

– Et…

– Et vous l'avez frappé, menacé d'une lame que vous allez me donner, Charles…

– J'irai tout à l'heure lui demander son pardon… Pourquoi, pourquoi… Que n'appelle-t-on tous les médecins de la terre pour chasser de mon esprit le venin qui le gâte ?

– Depuis le 5 août 1392, Charles, tout fut tenté…

– Le 5 août…

– Ce jour-là, voilà plus de vingt ans, dans la forêt de Pontvallain, près du Mans, vous étiez à la tête de votre armée, mon roi, magnifique, caressé dans les sous-bois par les taches de soleil sur votre habit brodé d'or. Derrière vous, quarante mille hommes s'en allant punir Pierre de Craon en Bretagne…

– Oui…

– Alors, au bruit d'une lance tombant sur le casque de votre écuyer, vous avez changé de monde. Autour de vous, pendant deux heures, vous avez bataillé…

– J'ai tué quatre hommes, le vieux chevalier de Polignac… Ai-je assez expié par pèlerinages et dévotions… ? Raconte encore, Odinette, que je ne glisse pas tout de suite dans l'abîme de mon autre royaume, des spectres feuillus veulent m'agripper…

– Quatre ans avant Pontvallain, en 1388, vous aviez pris le pouvoir, à vingt ans. Vous aviez chassé vos oncles régents dépensiers, et mis à leur place des ministres de bon sens. Pendant quatre ans, la fête et le bonheur pour vous, vos proches de bamboche, et pour le peuple qui vous aime ! Mais trop de dépenses… L'année qui suit Pontvallain, en 1393, on veut vous distraire, on organise mille réjouissances jusqu'au soir de noces où vous décidez avec quatre joyeux gentilshommes de vous déguiser en hommes sauvages, avec des carcasses enduites de poix…

– Mon frère…

– Oui, votre frère, Louis d'Orléans, assassiné voilà dix ans, en 1407, sur ordre de Jean sans Peur… Il approche une torche de ces déguisements où vous avez pris place, avec d'autres compagnons, et tout s'enflamme, certains sont brûlés vifs, vous êtes sauvé… Votre peuple s'étonne de toutes ces fêtes, et de cette tragédie qu'il appelle le « bal des ardents »…

– Ma femme, Isabeau, la reine…

– La reine Isabeau… On m'a conté toute cette histoire d'avant notre bonheur à tous les deux, Charles, mon aimé, avant 1405 où je vous fus donnée pour la remplacer… Cette histoire, la voici. L'ardeur d'amour qui vous possède aujourd'hui, vous l'aviez dès votre jeune âge et votre père Charles V s'en inquiéta au point qu'il chassa un gentilhomme vous initiant à certaines pratiques du sexe. Ainsi bridé et surveillé, vous n'êtes qu'un feu de désir lorsque, en 1385, on vous présente Isabeau, la fille du duc de Bavière et de Taddea Visconti, elle-même fille du duc de Milan. Isabeau est basse de taille, brune de peau, bien en chair, mais vous avez une telle hâte de consommer que vous exigez de votre oncle régent un mariage immédiat, sur le lieu de vos présentations, à Amiens !

– J'étais déjà fou…

– Non, tout le monde vous aimait, vos seize ans rayonnaient sur tout votre royaume. Votre haute taille, vos cheveux de soleil, vos yeux d'azur, vos larges épaules à porter le monde, à le sauver… Et votre sourire, m'a-t-on dit, qui faisait tant de ravages… Et cette façon d'aller comme un égal vers vos sujets, vous adressant à eux sans distinction de condition, votre bonne humeur, votre énergie, votre manière de chevaucher, courant le lièvre, le renard… Votre premier sanglier tué à quatorze ans, et le cerf qui un jour se réfugie près de vous, et que vous épargnez, qui vous regarde alors si étrangement que vous décidez d'adopter son image pour vos armes… Isabeau a quatorze ans lorsqu'elle devient votre femme. À vingt ans elle a quatre enfants.

– À vingt ans, elle en pleure déjà deux…

– Vous en aurez douze jusqu'en 1407, et un seul fils survivant, le dauphin Charles...

– Encore présent ici, mon fils Charles, mais qui sait, l'an prochain... Mon cousin Jean sans Peur, duc de Bourgogne, et ses Bourguignons vont tenter d'entrer dans Paris aux mains des Armagnacs... Les Bourguignons traitent avec les Anglais pour s'emparer de mon trône... Les Armagnacs veulent venger l'assassinat de Louis d'Orléans, et que mon fils Charles devienne Charles VII, après moi... C'est la guerre entre eux dans mon royaume, la guerre entre mes sujets qui se déchirent, se tuent jusque sous mes fenêtres. Les Armagnacs contre les Bourguignons... Quelle douleur, ma douce Odinette, et moi, si souvent absent de moi-même, moi dans mon autre royaume... Isabeau, où est-elle ?

– Elle part en exil à Tours, sous la surveillance des Armagnacs qui ne supportent pas son alliance avec Jean sans Peur !

– Parle-moi d'elle...

– Votre épouse, la reine, Charles mon ami, faut-il le dire, votre femme connaîtra bien des malheurs dans les siècles qui viennent. Le peuple, si prompt à croire les rumeurs, et les pires lui sont un nectar, colporte qu'Isabeau est une ribaude, qu'elle a donné à qui le désirait, à Louis d'Orléans surtout, son corps pour des coucheries d'où serait né Charles le dauphin... Tout cela n'a jamais existé. Vous vivez dans deux royaumes, mon aimé, Isabeau a les siens. Depuis longtemps, elle craint de sortir, même de ses appartements. Si elle se trouve dans la rue, sur une place, sans raison, la panique la submerge, elle croit mourir, ou devenir folle. Et rien ne la soigne sauf les jardins merveilleux qu'elle a agrandis ici, à l'hôtel Saint-Pol, où nous sommes, dans ce Paris que nous aimons, sur la rive droite du fleuve. Les jardins que nous allons traverser, jusqu'à la Seine, mon roi. Écoutez ces oiseaux, ces mille oiseaux qu'elle a fait venir ici, dans des volières, et qui chantent tout le jour. Dites à ses perroquets les mots qu'elle aime. Tendez votre main aux singes qu'elle nourrit. Approchez votre visage de la tête ouatée des chats-huants qu'elle affectionne. Et rappelez-vous cet animal qu'elle chérit jusqu'à ce qu'il meure l'an dernier, un léopard ! Elle l'avait fait richement couvrir de velours et le collier à son cou portait cent diamants. Le parfum des fleurs...

– Des fleurs, des fruits, des carrés de pousses, des haies de buis, des tonnelles, quelle paix ici, quelle folie ailleurs...

– Isabeau vous aime, Charles... Rappelez-vous, pour Noël de l'an 1405, elle vous offrit un autel d'or, d'argent et d'émail, haut de trois pieds. Vous y figuriez, agenouillé devant la Vierge à l'Enfant, et des saints vous entouraient pour intercéder auprès de Dieu afin de vous guérir ; et peut-être de la soulager de ses terreurs, elle, Isabeau... Dans l'étage inférieur, un valet prenait par la bride un cheval d'or ! Vous avez longtemps pleuré avec elle ce jour-là, immobiles, dans un instant où le sacré transfigurait votre mystère. Isabeau ne cessera jamais de vous aimer, même si elle a dû s'en aller vivre à l'hôtel Barbette, tout près d'ici, pour éviter certains de vos violents emportements. Aujourd'hui, à cause des dettes de guerre, cet autel se trouve au couvent d'Altötting...

– Isabeau...

– Elle s'en va. À Tours, elle disposera de la chaise à quatre roues qu'elle a fait construire pour se déplacer, ses jambes trop enflées ne la portent plus. Elle voyagera dans sa voiture suspendue, la première que j'aie vue… Elle a fait conduire là-bas son chariot en fer. Lorsqu'il gèle, elle le fait remplir de charbons ardents, il la suit et en tous lieux la réchauffe… Pauvre Isabeau, malmenée par les uns et les autres, toujours pleurant ses enfants qui meurent à peine nés, ou bien expirent à deux ans comme Jeanne, à vingt ans comme Isabelle, à six ans comme Charles, à dix-huit ans comme Louis, à dix-neuf ans comme Jean… Qui croira, Charles, mon roi, qui pourra assurer qu'Isabeau était la « grande gaupe », la prostituée que les Armagnacs ont inventée à travers leurs calomnies ? Tout ce qu'elle a dit, fait et signé, ce fut sous l'empire de la peur, dans l'angoisse du lendemain. Par courte vue, sans doute, mais toujours avec courage.

– Elle et moi, nous sommes deux malades, Odinette, et tout échoue à nous guérir…

– Pourtant, dès 1393, il y eut un espoir avec un moine errant, Armand Guilhem. Il avait entendu parler de votre maladie, et venait de Guyenne avec un livre miraculeux, un livre que Dieu lui-même avait donné à Adam, disait-il, pour que s'achèvent les cent ans du chagrin qu'il venait de vivre après la mort d'Abel. Ce livre, le Smagorad, avait la propriété de créer une planète inconnue et de rendre inoffensives toutes les autres responsables de votre folie, sur un seul mot connu de lui. Il prononça ce mot, mais rien n'eut lieu ! Devant la méfiance des médecins, il s'esquiva sur ces paroles : « J'ai dit que cela guérirait le roi, mais je n'ai pas dit quand… » On ne le revit plus. D'autres sont venus, deux ermites, Pierre Tosant et Lancelot Martin, qui affirmaient commander aux démons vous tourmentant.

Sans résultat. L'or qu'ils gagnaient partant en débauches, ils ont fini le 30 octobre 1398 décapités sur la place de Grève, leur tête mise au bout d'une pique. Jean de Bar vient à son tour, avec un livre magique, le Seminaforia, hérité du roi Salomon, et qui lui permet de célébrer des messes où le diable est convoqué et invité à vous libérer de ses griffes. Le diable n'entend rien… Le Seminaforia et Jean de Bar sont brûlés en public ! Quelques années passent, et voici Poncet du Solier et Jean Flandrin, qui, pendant des mois, font construire un cercle de fer monté sur des colonnes auxquelles sont suspendues des chaînes que doivent tenir douze hommes prononçant des incantations magiques. L'un d'eux se trompe, fait le signe de la croix, et voilà l'affaire qui échoue et les conduit tout droit à la torture puis au bûcher…

– Nos médecins…

– Ces bonnets à étages remplis d'onguents qui doivent vous soulager, ces purgations par le ventre, par la tête, ces sangsues par dizaines, ces saignées, ces herbes de clarté pour l'esprit qui divague, ces racines pilées pour assainir les nuits, rien, rien de tout cela ne diminue vos tourments. Vous demeurez absent, mon roi, et lorsque vous revenez à vous comme aujourd'hui, c'est pour demander que l'on vous délivre de cette torture… Au retour d'un office, sentant venir la fin d'une rémission, vous vous levez en plein conseil et vous criez à ceux qui se haïssent autour de vous : « Au nom de Jésus-Christ, s'il en est parmi vous qui soient complices du mal que j'endure, je les supplie de ne point me torturer plus longtemps, et de me faire promptement mourir ! » Aucun écho à votre désespoir. On laisse alors entrer à l'hôtel Saint-Pol un médecin qui arrive d'Italie. Il possède le remède miracle, mais il va falloir vous inciser la tête, comme cela fut fait une fois, sans autre victoire que du sang prétendu gâté coulant en abondance. Vous regimbez, vous refusez… L'opération a lieu, on vous montre la pierre du mal, extraite de votre tête. Vous avez un faible sourire…

– Dieu, Dieu…

– Un jour se sont mis en marche dans tout le royaume des enfants, des jeunes filles, des jeunes garçons de quinze ans, de seize ans, allant nu-pieds par les chemins, chantant des cantiques et demandant à Dieu de vous aider, de nous sauver, de prendre en pitié la France qu'il n'aimait plus ! Où avaient-ils décidé d'aller implorer le secours du ciel ? Au mont Saint-Michel ! Ils étaient sûrs que, si proche de la terre, et pourtant libérée de son emprise, l'île figurait l'âme en migration, et que l'archange saint Michel, auquel est voué le rocher, saurait conduire leurs prières vers le Très-Haut ! Il y eut dans votre esprit une trêve, comme une victoire de la pureté des jeunes âmes. Vous avez vous aussi pris le chemin du mont, en vain. À votre retour, c'est le royaume des nuages à grands bras que vous avez trouvé.

– Notre-Dame…

– Vous y allez, mon roi, vous marchez doucement, chaque fois que vous quittez vos mystères, chaque fois que nous réussissons à vous convaincre de vous laver le visage, le corps, chaque fois que vous acceptez de vous vêtir d'habits propres, de belle étoffe et de couleurs royales. Nous partons en procession, remercier Notre-Dame de nous offrir des heures où dans votre regard s'inscrit notre image, où de vos lèvres de bonnes paroles s'envolent.

Et, dès que nous sortons de l'hôtel Saint-Pol, la rumeur enfle dans toutes les petites rues de votre bonne ville : le roi s'en vient, le roi passe, le roi marche vers Notre-Dame. Votre peuple vous regarde, vous contemple et s'agenouille, des larmes dans les yeux. Vous êtes l'élu de Dieu pour expier les fautes des hommes.

– Odinette, notre fille Marguerite, pour elle, je vous donnerai une pension, et vous la conduirez plus souvent dans les manoirs que je vous ai donnés à Créteil et Bagnolet… Mais que fais-tu là, femme ? Ne me touche pas ! Que me dis-tu ? Pourquoi m'as-tu fait me lever ? Me conduis-tu vers le fleuve pour me noyer ?

– Charles, mon roi, Charles, mon aimé, mon fou…

– Femme, je suis Georges, je gouverne le chaos du ciel, ta blondeur m'apaise, car tu sais emprunter au soleil le précieux or de la foi. Je ne te ferai pas de mal, pas à toi… Mais à cette gaupe qui me harcèle, ma haine sera sans fin, cette méchante étrangère entrevue dans les allées de mon palais…

– Isabeau, Charles, c'était…

– La route gravit les tours de Notre-Dame et je suis le voisin du Divin. Demeure dans la marge de la bataille, couard que je suis ! Marcher jusqu'à Azincourt où des fantômes jouent à la paume… Marcher à reculons. Le roi Georges va rassembler ses troupes et défigurer les monarques de pierre. Tue, tue Georges, enfourche ton lion, l'épée s'envole… À la course, à la course ! Hiah ! Hiah ! Hiah… Un tour suffira, reste là, femme de soleil, et prépare mes attelles de fer. Je traverse les fleuves de braise et couche sous des plages de diamants. Voilà, je le sens, tout mon corps est de verre, je vais me briser, retiens-moi, que je ne chute avant que tous mes membres soient appareillés, avant que mon torse soit plus rigide que l'acier, ne les serre pas trop, femme d'azur, je suis si fragile… »

8

Jacques Cœur et l'homme le plus riche du monde

(1456)

« C'est fini…

– Ce sont vos os qui se recousent mal…

– C'est fini. Mes os, voilà trois ans, j'ai subi les brodequins à Poitiers, les brodequins…

– Je connais les brodequins, on serre les jambes entre des planches et puis, on serre encore avec des coins de fer et les os se cassent doucement… Voilà trois ans, moi, j'ai pu acheter ce petit champ, en face, y planter cinquante oliviers…

– Et tu en as combien aujourd'hui ?

– Trois cents, c'est toute ma vie. Mon ciel bleu, mes oliviers, l'été qui brûle, et fabrique de l'ombre douce où le temps s'arrête et se repose. Des figues dans la poche et un pot de vin frais... On vous a torturé à Poitiers... Pourquoi ?

– Depuis combien de temps vis-tu ici, sur l'île de Chios ?

– J'étais à Azincourt, le 25 octobre 1415. J'ai vu les nobles imbéciles, arrogants dans leur armure, ils étaient des milliers, et ils ont attendu toute la nuit dans un champ labouré, dans la boue. Et le lendemain, ils ont attaqué, ils se sont lancés tous ensemble, dans un resserrement étroit, vers les Anglais qui les attendaient tout au bout, entre deux petites forêts, tous ensemble, de front. Comment peut-on être aussi stupide ? Entre les deux orées ! Leurs montures, leurs armures serrées les unes contre les autres, ils ne pouvaient plus avancer ni reculer ! Alors, de chaque côté, les Anglais sont sortis du bois avec des haches, ils sont passés sous les chevaux, tranquillement, leur coupant les jarrets, les pattes, leur perçant le ventre, et le chevalier s'abattait alors, et il a suffi aux coutiliers de glisser dans l'interstice de l'armure leur tranchant, et voilà... Moi, j'étais dans la piétaille, avec une simple lance... Et je me suis dit que je ne voulais pas vivre dans ce pays de buses et de brutes possédant châteaux, terres et manants. Je suis parti. La Bourgogne, le Dauphiné, les montagnes, puis Gênes... J'ai travaillé à la construction de galées. Puis je m'y suis embarqué, et je suis arrivé ici, à Chios. C'était en 1420...

– Cette année-là, je prenais épouse. Elle habitait en face de la maison de mon père, le fourreur de tant de riches familles à Bourges et ailleurs. Ma femme, Macée de Léodepart... Dix ans plus tard, nous avions cinq enfants. Et c'est au plus fort de la torture, voilà trois ans, que j'ai appris qu'elle venait de mourir de chagrin.

– Je n'ai pas eu de femmes, pas d'enfants… Allons, je peux vous le dire, vous le répéterez seulement en paradis, où vous allez partir…

– Et si je vais en enfer…

– Vous le direz aussi ! mon amour, ici, c'est un homme… Il vit dans la maison là-bas, à deux cents pas… Nous avons connu tout le bonheur de la chair, sans les tourments de la descendance. La nature est bien faite qui offre ce recours à ceux dont la semence ne veut aller aux femmes.

– J'en ai connu comme toi dans le pays que tu as quitté, la France, et certains, découverts, sont morts brûlés, pendus… Pour la bougrerie que l'on appelle l'"épine du dos", on leur arrachait d'abord ce que tu devines, puis s'ils recommençaient, on leur coupait le reste avant de les mettre à mort.

– Je le sais, je suis parti…

– Au temps de mon mariage, j'étais l'un des douze changeurs de la ville de Bourges. Et c'est là, dès les premiers mouvements de monnaie, de valeurs, d'or, d'argent, que j'ai tout compris.

– Au temps de votre mariage, et pendant que vous faisiez vos affaires et vos cinq enfants, je plantais mes vignes sous le soleil. De quoi produire ce vin blanc que je vous ai apporté, résiné, il guérit de tous les maux du corps et redonne visage à l'âme la plus décomposée…

– Le feu qui consume mes entrailles porte l'incendie par tout mon sang. Tu es bien courageux d'être venu à moi, sans savoir si je suis pesteux ou cholérique.

– Dans le pays de France, je serais les deux à la fois, et depuis longtemps abandonné à la torture. Alors, entre mes mains, ce vin, c'est un philtre de résurrection.

– Tu ne me connais pas, pourquoi viens-tu à mon aide ?

– Buvez…

– Si tous les Français que j'ai aidés étaient là, comme toi, il y aurait foule sur l'île de Chios. Mais les doigts se replient sur le bienfait donné, et la main devient poing tendu, menaçant et prompt aux mauvais coups. Tu vois mes jambes torses et mal raccommodées à cause de la torture, ce n'est rien à côté des coups bas, des trahisons, des félonies que j'ai endurés. Et le premier des traîtres parmi les traîtres, c'est le roi de France, Charles VII !

– Votre maître ?

– Il s'est dit mon ami, mon frère, je fus son confident, son intime… Au temps où il vint à Bourges, bourse tant vide qu'il ne déposait chez le cordonnier qu'une chaussure à la fois pour la rapetasser, au temps où les habitants de Tours, ayant pris en pitié la reine Marie d'Anjou, lui offraient des pièces de lin pour qu'elle s'y taillât des habits, je prêtais, moi, en cachette, à cette famille royale où naissait un enfant chaque année, des centaines d'écus afin que la cour de France ait encore une allure. À Paris, la nouvelle vous dut arriver jusqu'ici, sa mère, Isabeau de Bavière, se commit honteusement avec l'ennemi d'Azincourt, déclara bâtard son fils Charles VII et fit monter sur le trône de France le roi d'Angleterre, Henri V, en 1420 ! Il fallut que la bonne Lorraine Jeanne vienne le houspiller à Chinon, où il se trouvait, pour qu'il consente à reprendre son royaume à la tête d'une armée. Et la nouvelle a dû échouer à Chios aussi : il a abandonné aux Anglais presque chassés de France la bonne Jeanne qui l'a sauvé. Ils l'ont brûlée vive à Rouen en 1431. Lâche Charles VII ! Roi sans foi, homme sans parole, fuyant, et je m'y suis attaché pourtant, peut-être à cause de cette faiblesse en lui qui me donnait de la pitié.

– Le roi de France…

– Je te l'ai dit : dès mes premières semaines dans mon premier bureau de change, j'ai tout compris. Ce fut comme un vertige : entre les mondes de l'Occident et ceux de l'Orient, plus qu'une frontière, un vide, pas un gouffre, non, un vide habitable, confortable, invisible, un vide où personne n'a jamais pensé se poser seul. Je veux parler d'un vide dans le monde du change. L'or, mon ami, l'or dans les mondes de l'Orient et dans ceux de l'Occident ne se compose pas de la même pensée, ne se distribue pas de la même façon. L'Occident en est l'esclave, et l'Orient le maître. Je me suis installé entre les deux, j'ai vendu au prix fort aux uns ce que je négociais sans peine au plus bas chez les autres. Comment réaliser plus encore, en quantités à peine imaginables ? Ce fut tellement simple… À Gênes, je me suis fait construire des galées qui ont sillonné la mer, transportant toutes sortes de marchandises, j'exportais dans les échelles du Levant, sur tout le pourtour de la Méditerranée, et vers l'intérieur de bien des pays, des vins, des étoffes, j'importais des tapis, des pierres précieuses, des soieries… Mais tout cela, mon ami, tout cela, malgré mes centaines de comptoirs dans les ports, malgré les milliers de mains et de bras servant mes affaires, malgré l'incroyable prospérité de mes commerces, tout cela n'était rien en regard des quantités de métaux précieux que je changeais. Et cela au nez et à la barbe des nobles de pouvoir, enlisés dans la boue de leurs prérogatives, dans leurs querelles de préséance, de succession, dans leurs petites guerres de duchés, leurs convoitises, leur servilité, leurs haines réciproques.

– Point de cette race, ici !

– Ceux qui ne m'ont pas vendu leurs domaines, leurs châteaux, ruinés, m'ont emprunté de l'argent, des milliers d'écus. Cela ne me coûtait guère, il m'en rentrait des millions à chaque transaction réussie. Je suis devenu le familier, l'intime de la maîtresse du roi, la belle, la coquette Agnès Sorel. On m'en a dit l'amant, c'est faux, je n'ai aimé qu'une seule femme, Macée...

– Vous croira-t-on ?

– Non... À la belle Agnès, voilà dix ans, le roi a pu offrir un des premiers diamants taillés, près de trente mille écus, qui n'ont pas fait grand trou dans mes caisses. Trois ans plus tôt, il m'avait affermé les mines dans le Lyonnais, le Beaujolais, des mines de cuivre, d'argent... Imagine, mon ami, dans mes galées, la liberté que j'eus de déclarer tout métal transporté provenant de mes mines... Me voici plus riche encore ! Grand argentier du roi, toujours aux places d'honneur, chargé de missions de confiance en Languedoc, à Gênes, auprès du pape, dont je me fais un ami. Charles VII me fait un jour cette confidence : il voudrait reprendre la Normandie aux Anglais : je lui prête la somme de deux cent mille écus. En ce temps-là, je possédais Tours et la Touraine, la région de Montpellier et du Languedoc, le pays du Roannais, les mines du Forez, et tant de châteaux, mais tout cela en mon cœur n'avait pas le poids de ma grand'maison de Bourges, mon nid, mon repos, le palais de ma famille, l'écrin pour Macée, l'univers de mes enfants...

– Que s'est-il passé, voyageur mon ami, que vous est-il arrivé, quel sort...

– En 1444, je réussis à composer sans nobles le conseil du roi ! Pas un seul de ces parasites méprisants ne figurait plus autour de la table des décisions d'argent, l'argent qu'ils avaient l'habitude de se partager entre eux, et nous faisions, sans eux, du bon travail. Ces nobles, ces enrichis par la faveur du roi n'ont pour eux que la fortune, le pouvoir ne leur donne pas l'esprit.

– La fatuité...

– L'argent héréditaire masque les tares et la bêtise, on y ajoute un vernis de bonnes manières et le peuple se fait berner. J'ai grimpé dans la hiérarchie, ami des rois, du pape, et je n'ai vu en eux que des hommes à deux bras, deux jambes, un nez et deux yeux, rien qui les distingue d'un humble valet, mais j'ai appris des plus grands nantis à reconnaître sous leur mine supérieure, leur lippe froide et méprisante, le vide de l'âme, l'animalité brute avec ce mimétisme de l'humain qui sonne comme fausse monnaie et révèle sous la lumière crue de l'ironie dominatrice la plus extrême vulgarité.

– Quel sort funeste...

– Tous les grands aristocrates étaient mes débiteurs, les Chabanne, les La Trémoille, les Maignelais... tous me devaient des fortunes. Tous tournaient autour du faible monarque, le harcelant pour qu'il décide ma déchéance. C'est tellement aisé pour un monarque de droit divin. Il faudra bien qu'un jour...

– Une révolution...

– Et ce pauvre Charles VII, en plein conseil, le 31 juillet 1451, à Saint-Jean-d'Angély, au château de Taillebourg, m'a accusé de crime de lèse-majesté. Je vous passe les étapes de mes misères. On m'a tout pris, on s'est tout partagé comme des chiens autour de la bête abattue. Pas même des chiens, des hyènes ! Et pourtant, j'allais doter le pays de France d'une marine royale qui pouvait sauver le royaume de toute attaque anglaise… Le sort de ce pays sera malheureux et ce sera la faute des rois, les sots de Dieu.

– Et qui pour vous aider ?

– Le pape m'a accueilli, j'ai monté une expédition pour aller jusqu'à Chios, d'île en île afin de rassurer ceux qui craignent l'invasion des Ottomans. Huit jours ont passé depuis que mon dernier ami, mon dernier fidèle, Guillaume Gimart, a été atteint en pleine poitrine par une flèche turque lors d'un accrochage naval. Guillaume disparu, mon corps m'a trahi, la fièvre est montée à ma tête, s'est répandue en moi, mon sang bout… Si j'entre dans le délire de l'agonie et que tu demeures près de moi, si, tenant ma main, tu sens mon cœur qui s'en va sur un petit pas diminuant jusqu'au silence, je voudrais que tes doigts de vérité ferment mes yeux terrestres et m'ouvrent à la lumière céleste.

– Vous fermer les yeux, je n'en suis pas digne, moi, le pauvre exilé sur l'île de Chios…

– Tes étés de soleil et d'azur, mon ami, tes printemps de fleurs précoces et tes hivers pour la lenteur bienheureuse de la pensée… Ton vin frais et ton fromage, tes olives et ton pur amour, c'est moi qui ne fus pas digne de la simplicité des choses. Tu es l'homme le plus riche du monde… »

9

Montecucculi, un soir près du Rhône

(1536)

« *Tenez !*

– On l’a connu meilleur comédien à Paris, notre dauphin François, duc de Bretagne. Ici, à Tournon, il en fait moins… Son « Tenez » pour envoyer la balle, c’est de la mollesse…

– *Tenez !*

– Vous voulez dire que ses acrobaties, ses galipettes au-dessus de la raquette vous manquent ?

– Bien sûr, on vient ici, dans cette galerie du jeu de paume pour être étonné par l’adresse des joueurs, mais aussi par leurs facéties, leurs tours de force avec la balle…

– Pour être amusés…

– Et cela, le duc François, notre dauphin, sait bien le faire, amuser la galerie !

– *Tenez !*

– Entendez-vous ? La voix du dauphin François a encore faibli…

– Croyez-vous ?

– *Tenez !*

– Alors ?

– C'est vrai, il semble traversé d'humeur incertaine, il s'épuise…

– Trop chaud, en ce 6 août, dans cette salle de jeu de paume, nous étouffons, nous aussi, dans la galerie ! Voyez la fine raquette du duc François, il va lancer… Oh, quel beau coup ! Son adversaire n'a rien vu !

– *Tenez !*

– Quand je pense que des bourgeois en sont encore à se servir aujourd'hui du battoir de bois pour envoyer la balle, en 1536 ! Quand je pense que d'autres ont conservé l'usage du gros gant de cuir. Et les pauvres, les vilains qui se servent, eux, de leurs mains…

– Voilà pourquoi on s'amuse à dire aux enfants : "Jeux de mains, jeux de vilains"…

– *Tenez !*

– La balle a heurté le filet… Je pense que le dauphin n'en peut mais !

– Le jeu va cesser, ne croyez-vous pas ?

– Notre duc a mis toutes ses forces pour gagner. Depuis qu'en 1527, voici neuf ans, son père, François Ier, a fait de ces ébattements une source de gain, comme pour un travail, nous avons des champions qui courent après les écus !

– Et François, dauphin et duc de Bretagne, aime remporter la partie.

– Et la bourse qui va avec…

– Il pose sa raquette…

– Celle en boyaux de mouton ?

– Non, celle en fils de chanvre…

– Moins souple…

– Son écuyer s'approche…

– Qui est-ce ?

– Un jeune comte.

– Bien fait de sa personne, n'est-ce pas ?

– Gracieux, jeune, souriant… C'est son écuyer, son échanson, son aide, son serviteur, son…

– Oui, je comprends bien.

– Ils ne se quittent jamais.

– Vous pensez que…

– Point du tout, je ne pense rien, tout le monde sait que le dauphin s'épuise dans le commerce des dames, je vois simplement qu'il lui avance un grand bol de terre rouge… Écoutez… Il dit que l'eau est glacée…

– Et notre duc qui boit le bol entier… Allons, il ne faudrait pas de l'eau glacée alors qu'il est en nage…

– Il défaille ?

– Non, il porte la main à son ventre… Il s'en va, il semble souffrir… »

*

* *

« Sébastien Montecucculi, sur l'ordre de notre roi François Ier, nous avons conduit une enquête sur vous qui avez été le dernier à donner à notre dauphin un liquide afin de le désaltérer. Notre dauphin à partir de cet instant s'est senti mal. Et quatre jours plus tard, il est mort en fièvre et grandes souffrances. Sébastien Montecucculi, vous êtes venu d'Italie suivant notre reine Catherine de Médicis lorsqu'elle a épousé Henri de France, en 1533. Les possessions de l'empereur Charles Quint en Italie vous en font le sujet. Il vient d'envahir le sud de la France, où s'est porté pour l'attaquer notre roi François Ier. Voilà pourquoi le dauphin, allant rejoindre son père à Valence, où se trouve le camp militaire français, s'est arrêté au château de Tournon. Vous connaissez le duc mieux que quiconque, vous êtes informé un long temps à l'avance à quoi il occupera ses journées. Nul n'était mieux placé que vous pour attenter à sa vie. Ce que nous voulons savoir, c'est pourquoi vous avez commis cet acte abominable. Qu'avez-vous à répondre ?

– J'ai simplement donné de l'eau glacée au dauphin, ainsi qu'il m'en avait prié, voilà tout.

– Au crime, vous ajoutez le mensonge et l'arrogance ! Pourquoi avons-nous trouvé en votre chambre, dans un coffret bien dissimulé aux regards, du réalgar et de l'arsenic ? Pourquoi ce coffret contenait-il aussi cette brochure sur l'usage des poisons ? Sébastien Montecucculi, notre assemblée a décidé de vous appliquer la question ordinaire et la question extraordinaire afin d'obtenir de vous l'aveu de votre crime. »

Et Sébastien Montecucculi fut appareillé dans la salle des tortures de la prison de Roanne, où il avait été conduit pour subir le supplice des brodequins. On le fit asseoir, on lui enserra chaque jambe entre deux planches. On ajouta deux autres planches fixes unissant l'ensemble. Et l'on prépara les huit coins de fer qui allaient être enfoncés entre les deux planches centrales, de sorte que chaque coin enfoncé comprimait puis faisait éclater les chairs et les os. Jusqu'au troisième coin, Sébastien Montecucculi expliqua entre deux cris que seule sa passion pour les substances chimiques l'avait conduit à posséder réalgar et arsenic, qu'il avait donné sa vie à François le dauphin, que tous deux profitaient des mille plaisirs qu'offrent le jour et la nuit, et qu'il priait Dieu pour que ses juges soient éclairés promptement sur les véritables causes de ce drame.

« Sébastien Montecucculi, nous en sommes au quatrième coin, nous allons commencer la question extraordinaire, en enfonçant quatre autres coins, plus volumineux. Nos médecins ont ouvert la poitrine du dauphin, ils ont examiné ses viscères, et ils y ont découvert des traces de réalgar. Que pouvez-vous répondre à cela ?

– Ce n'est pas la vérité, je demande à Dieu son secours… »

Sachant pourtant que nulle trace de réalgar ou d'arsenic n'avait été trouvée dans les entrailles du dauphin, les juges et les bourreaux poursuivirent leur besogne.

« Comte Sébastien Montecucculi, on sait qu'Antoine de Lodève et Ferdinand de Gonzague, généraux de l'empereur Charles Quint, vous ont rencontré. Nous sommes certains qu'ils vous ont convaincu d'assassiner d'abord le dauphin de France, puis les autres enfants du roi, le roi lui-même et la reine. »

Montecucculi comprit que rien n'arrêterait la férocité de ses juges. Il devina que le roi leur avait demandé un châtiment exemplaire. On en était au huitième coin, il avait entendu ses os se briser comme bois sec, il avait vu ses chairs s'ouvrir, le sang gicler. Il dit oui à tout, oui au crime, oui à l'entrevue de Lodève et Gonzague, oui au réalgar, et les juges satisfaits franchirent la deuxième étape.

Ils décidèrent que Montecucculi serait tiré par deux chevaux sur une claie jusqu'au lieu appelé la Grenette à Lyon, et qu'il subirait le supplice des régicides après avoir fait amende honorable devant la cathédrale de la ville.

On venait d'apprendre que l'empereur Charles Quint s'était dit consterné en apprenant qu'on le soupçonnait d'avoir voulu la mort du dauphin. On pensa que les Florentins étaient peut-être mêlés à l'affaire, qu'ils avaient peut-être convaincu Catherine de Médicis d'organiser le crime afin que son époux, le nouveau dauphin Henri, devienne sans délai Henri II, roi de France. Rien ne put être acquis de façon certaine, et le roi attendait à Lyon l'exécution capitale.

Sébastien Montecucculi, dont le gentil corps n'était plus que plaies, fut conduit à la Grenette. Hissé sur l'échafaud afin que la foule composée en majorité de femmes et d'enfants ne perde rien du spectacle, il fut tenaillé aux mamelles, aux bras, aux cuisses, à l'intérieur des jambes.

Sa main qui avait tenu le bol d'eau glacée fut coupée à la hache puis jetée dans un feu de soufre déjà préparé. Sur les plaies tenaillées, il fut versé un mélange de plomb fondu, de cire, de résine, d'huile et de poix. Tout cela prit plus d'une heure, car le roi voulait que le supplice fût lent, afin que tous ceux qu'il avait convoqués, les évêques, les seigneurs, les généraux, et même des Italiens, profitent de cet exemple confirmant sa justice impitoyable.

Le supplicié fut descendu de l'échafaud, et l'on amena quatre chevaux. Chacun d'eux fut lié à un bras ou une jambe de Montecucculi. On avait attaché, dans l'aire de l'écartèlement, les deux chevaux qui avaient tiré la claie, au cas où l'un des quatre autres manquerait. Et ces deux bêtes figées dans une étrange posture, comme atterrées, lançaient aux hommes, puis au condamné, des regards de frayeur.

Le signal de l'écartèlement fut donné. Montecucculi geignait faiblement. Le roi François Ier pleura jusqu'à la fin. Quand tout fut achevé, le corps coupé en quatre quartiers destinés aux quatre coins de la ville, quand la tête fut fichée sur une pique, le roi se leva, silencieux, demanda qu'on le laissât aller seul. Le soleil se couchait sur le Rhône. La silhouette du monarque se fondit dans le rougeoiement de l'astre sur les eaux. Déjà, des feux allumés par des enfants çà et là commençaient à griller quelques lambeaux de la chair de Montecucculi, et tout fut consommé.

10

Jacques Cartier, son or, ses diamants…

(1541)

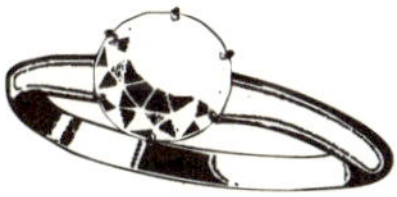

« Mon maître n'est pas un gros homme bouffi et rougeaud. Mon maître n'est pas un soûlot que l'on ramasse à la brune dans quelque fossé, griffé de ronces et l'insulte à la lippe. Mon maître est un homme distingué, lettré, respecté. Mon maître est l'ami du roi François Ier qui aime le vrai rire, le bon rire, celui qui passe par les plus hautes régions de la tête, celles où l'on réfléchit, et même si la gaillardise s'invite entre les plats dans leurs soupers, elle se trouve mâtinée de tant d'esprit que cela double le plaisir de surprendre les mots dans leurs fredaines.

– Le mien s'en va de bon matin longer les vagues à la crinière de nacre. Et comme il chante à l'adresse du levant d'étranges hymnes rapportés de ses voyages, l'écume crible sa langue et sa gorge de pointes salées, de sorte qu'il presse le pas pour atteindre l'estaminet ouvert le plus tôt sous les remparts de Saint-Malo. Il peut demeurer jusqu'au midi visiteur des comptoirs où l'on sert des vins d'Espagne, des eaux-de-vie aux parfums italiens, mais aussi des cidres rugueux, livrés de la Normandie voisine. Il peut prendre la mi-journée pour relais de la nuit et dormir tout son soûl afin que se dissipent avant le dîner les vapeurs où son cerveau se cotonne. Il s'assoupit sur le quai, près des voiliers, s'étend sur des cordages en tas, ou des voiles pliées, et ronfle comme les baleines que nous avons découvertes, ébahies, dans la baie nommée Saint-Laurent puisque nous y entrâmes le 10 août 1535, jour même de la fête de ce saint. Il s'éveille pendant que le soleil entame son travail sur l'horizon. Et le voici prêt pour la ribambelle de gobelets qui l'attendent jusqu'à la minuit. Ce n'est pas pour rien qu'il est nommé dans la liste des plus fameux biberons de Rothéneuf à Saint-Malo, et jusqu'au Canada.

– Mon maître écrit des livres. Voilà pourquoi il ne tâte guère du vin ou des eaux-de-vie, du cidre ou d'autres élixirs qui permettent d'installer à la place du cerveau ordinaire un autre cerveau, celui du chaos, des mots qui chahutent, des poings qui martèlent sur les tables des certitudes monotones. Mon maître ne fait jamais bombance, il conserve dans son corps et dans son pas l'élégance que sa haute taille lui permet d'inscrire dans la transparence comme l'indice d'une finesse procédant à la fois de son esprit et de son âme. Ton maître fait de la vie une fête, une ivresse, le mien la décrit. Ses géants qu'il appelle Pantagruel et Gargantua font bouillonner si joyeusement les mots, dans une allégresse si résolue et si étourdie, que la langue elle-même se fertilise et s'ouvre à tous les sens. Pantagruel et Gargantua écrasent sur leur passage la bêtise des gens d'Église, celle des maîtres incultes, la rustrerie des campagnes, la vanité des cuistres, le danger des dogmes, et le venin sournois des religions. J'aime aussi Panurge. Mon maître sait que je n'ai pas appris à lire. Alors il essaie sur moi ses récits. Son Panurge veut se marier, mais il craint d'être cocu. Il demande conseil à son ami Pantagruel, qui l'envoie consulter toutes sortes de charlatans, une sibylle, un poète, un astrologue, un chiromancien, un médecin, un fou... Un juge enfin, célèbre parce qu'il tire au sort ses décisions de justice. Et tout cela foisonne au plus haut d'une jubilation sans faille. Mais je crains la bêtise des siècles futurs... On confondra mon maître avec ses personnages...

– Voici nos hommes qui sortent de la demeure... Je crains moi aussi que les quelques bordées trop agitées de mon maître ne l'envoient à la postérité avec la seule réputation du biberon qu'il a acquise à Saint-Malo. Mon maître, c'est Jacques Cartier, le découvreur du Canada, le vaillant marin que le roi François Ier a chargé de trouver par le nord un passage vers Cipanghu, vers la Chine, afin de découvrir des mines d'or, d'argent, des diamants...

– Mon maître, c'est François Rabelais. Depuis que le vôtre a mis à la voile vers des mondes inconnus, il s'est tenu au courant de vos aventures, de vos retours, de vos expéditions nouvelles, des indigènes que vous avez conduits jusqu'au roi... Jacques Cartier... Mon maître Rabelais en parle tous les jours. Et il a pris le prétexte d'obtenir de lui tous les termes de marine dont il a besoin, pour venir le rencontrer ici, à Rothéneuf, dans cette belle maison à tourelle.

– Ils rient, les entendez-vous ? Ils rient tant que je devine de quoi ils parlent, ce que mon maître a raconté au vôtre, c'est… Mais d'abord, il faut que je reprenne quelque peu nos pérégrinations vers les terres lointaines. Nous sommes partis la première fois le 20 avril 1534. Après vingt jours de traversée, nous abordions Terre-Neuve, puis une île sur laquelle il y avait tant d'oiseaux que nous lui avons donné ce nom : l'île des Oiseaux ! Et nous en avons tué de quoi remplir une vingtaine de saloirs auxquels se sont ajoutés ceux qui contenaient la chair tendre d'un grand ours blanc que nous avions chassé puis saigné. Nous ne voyions que des côtes désolées, caillouteuses, des forêts d'arbres immenses, mais bientôt, des hommes vêtus de peaux d'animaux, la peau décorée de couleurs, les cheveux semés de longues plumes, sont venus vers nous, rieurs et joyeux d'abord, mais inquiets de nous voir planter sur leur terre une grande croix de trente pieds de haut ! Point d'or, d'argent ou de pierres précieuses au retour de ce voyage, mais deux jeunes Iroquoiens qui ont tant étonné le roi François Ier qu'une deuxième expédition a été montée sans délai. Nous sommes repartis, descendant là-bas le fleuve dont nous n'avions vu que la baie, et pensant trouver un passage vers l'ouest. C'est ainsi que nous avons fait halte près d'un village iroquoien, Stadaconé, en septembre. Puis, nous descendons le fleuve plus loin encore, et nous arrivons au village d'Hochelaga. Une surprise ! Le village, plutôt une petite ville, était entouré de trois rangées de pieux en cercle, protégeant une cinquantaine de vastes maisons avec une grande pièce commune et des chambres pour chaque famille. Nous nous sommes tout de suite demandé où ils cachaient leur or, leurs pierres précieuses. Ils n'en avaient point ! Leur monnaie ? Un coquillage nommé "esnoguy". Et la façon dont ils l'obtiennent nous a laissés pantois : plusieurs fois par an, ils emmènent près d'un fleuve où se développe ce coquillage leurs ennemis capturés lors d'une guerre. Et là, ils leur entaillent profondément, et tout vivants, le dos, les jambes et les fesses. Ensuite, ils noient le pauvre incisé dans le fleuve. Alors, l'esnoguy, qui est friand de sang humain, se loge dans les plaies, et lorsque les cadavres sont remontés, une douzaine d'heures après leur immersion, ce sont des dizaines, des centaines d'esnoguys qui tombent dans l'escarcelle des Iroquoiens, qui font ensuite une grande fête. On remarquait parmi eux des femmes au visage enduit de graisse et de charbon noir. C'étaient les veuves de guerriers morts au combat. Une maison à l'écart avait attiré notre attention. Notre interprète nous apprit que c'était la maison du choix. Dès que les jeunes filles atteignent l'âge de s'unir à l'homme, elles s'en vont dans cette maison, et tous les hommes du village qui en ont envie peuvent les rejoindre. Elles choisissent alors parmi tous ceux qu'elles essaient celui qui leur convient le mieux, et les unions sont alors définitives. Après le mariage, ce sont les femmes qui labourent et vont pêcher, ce sont elles qui récoltent les concombres, les fèves et les pois, et parfois, les hommes leur apportent leur aide.

Revenus à Stadaconé, nous avons subi le terrible hiver de ces contrées. Près de trente d'entre nous en sont morts, jusqu'à ce qu'un indigène nous apporte une tisane magique, une décoction d'écorce d'annedda, un arbre miraculeux ! De retour avec deux autres sauvages qui ont pu assurer au roi François Ier que le Saguenay, d'où ils venaient, était une terre de cocagne et que l'on y trouverait autant d'or qu'il voudrait, nous avons attendu 1541 pour repartir. De l'or ? Nous en avons trouvé, oui, en quantité de légende... Mais... approchons-nous, mon maître parle au vôtre de cet épisode qui fait encore sa fable dans le pays, et qui a produit une comparaison qui serait amusante si elle ne le blessait encore, parfois... »

*

* *

« C'est Jean-François de La Rocque de Roberval, un protestant, que le roi François Ier avait nommé lieutenant général et capitaine de l'entreprise ! Pourquoi pas moi en ce troisième voyage ? Parce que Roberval, si l'affaire tournait au mieux, pouvait devenir roi du Canada. Et dans l'esprit du roi, seul un gentilhomme était digne d'un tel honneur. Roberval était un viveur, ruiné, un libertin. Il avait fait ouvrir des portes de prison pour composer son équipage et recruté dans les tavernes des soudards et de louches paroissiens.

« Dix navires étaient prévus. En mai 1541, tout le monde était prêt pour le départ, sauf Roberval. Il avait commandé en Champagne de la poudre, des munitions, de l'artillerie, qui, faute de paiement, tardaient à arriver. Le roi ordonne alors de partir sans délai. Il faut dire que je l'avais informé qu'il serait impossible de chercher de l'or si nous arrivions là-bas au début des rigueurs de l'hiver. Et me voici parti, laissant sur le quai Roberval, bien marri ! Je vire vers l'ouest à la tête de ma flotte de cinq navires où nous avions installé des vaches, des chevaux, des moutons, des chèvres et des cochons que nous voulions adapter aux terres nouvelles. Une arche de Noé !

« Roberval, lui, allait conduire là-bas des charpentiers, des menuisiers, des maçons des moines et des barbiers. Quelle traversée ! Des calmes et des tempêtes, trois mois pour rassembler mes navires qui s'étaient perdus. Il faut ajouter à cela l'épuisement des réserves d'eau, qui nous avait obligés à donner aux animaux du cidre et de l'eau-de-vie, si bien que nos chèvres soûles bêlaient toute la nuit !

« Nous voici en septembre près de Stadaconé. Nous y construisons un fort et semons sur une grande étendue des graines de légumes bientôt sortis de terre. Roberval n'arrive toujours pas ! C'est alors que l'événement se produit : deux de mes hommes arrivent un jour portant dans leurs mains d'étranges pierres qui éblouissent au soleil, avec de petites formes géométriques naturelles comme si des pierres précieuses s'étaient agglomérées, et naturellement préparées au transport !

« Nous faisons cercle autour de cette merveille et notre maître des armes affirme que ce sont des diamants et qu'il restera à les tailler en France. Les deux hommes ajoutent que, près de la montagne où ils ont découvert ces merveilles, existe une sorte de mine qui en contient de quoi enrichir tous les sujets du royaume ! L'ivresse de cette nouvelle passée, une autre réalise le rêve de notre roi et le nôtre : l'or ! Tout près de la mine de diamants, des plaques d'or trouvées au bord de l'eau ont été rapportées par des marins qui se baignaient. Et là encore, la réserve semble inépuisable, il suffit de creuser un peu !

« Je fais remplir plusieurs tonneaux de cet or et de ces diamants, et je mets à la voile vers la France. Je n'ai jamais connu un tel état d'allégresse, pendant tout le voyage. Que de rêves j'ai conduits presque jusqu'à mon futur rôle de conseiller du roi, à vie ! Que de projets j'ai développés pour conquérir le monde, achetant tous les marins d'Espagne, du Portugal…

« Voici la suite : nous rencontrons à Terre-Neuve Roberval, qui finalement est parti de La Rochelle le 16 avril 1542 ! Il m'ordonne alors de le suivre, d'abandonner mon projet de retour ! Vous imaginez ma réponse ! Je fais lever l'ancre de nuit au début de juin, et, après une traversée en zigzags pour éviter les Espagnols déjà au courant de ma prise fabuleuse, et qui voulaient m'arraisonner, j'arrive triomphant à Saint-Malo.

« Ah, les beaux jours que nous avons vécus, mes hommes d'équipage et moi-même, fêtés, aimés, admirés, et le roi qui s'impatiente de voir enfin notre butin, même s'il a appris ce que certains nomment ma “désertion” et ma “lâcheté”.

« Fêtés, admirés, jusqu'au jour fatal. Un matin, les orfèvres chargés d'expertiser ma cargaison viennent à ma rencontre avec une mine navrée : l'or, mon or, c'est du cuivre ; et mes diamants, toute ma mine de diamants là-bas, ce sont des pierres translucides que le clivage et le sciage réduisent en miettes ! Ah, les affreux moments que j'ai traversés alors ! On m'avait porté plus haut que les nuées, on me donnait du traître et du menteur, du ferrailleur et du faussaire…

« Et cela devait durer quelques mois, puis j'en ai ri, et tout autour de moi, on a fait la même chose, et maintenant, dans Saint-Malo, je me promène désormais fièrement. Pensez donc, mon cher François, que je suis le parrain de plus de quarante enfants ! On me demande dès que l'on veut de l'honneur pour un banquet, une fête, des noces… Et je suis heureux dans mon Saint-Malo où je biberonne de temps en temps, mais point autant qu'on le dit… Rentrons, je vais pour vous me remettre au gouvernail de mon navire, par la pensée, et tous les mots de la marine que vous venez chercher me reviendront, venez…

*

* *

– Du cuivre et des cailloux ! Pauvre Cartier ! Mais vous ne m'avez pas appris la comparaison née de cette affaire…

– D'abord, il faut vous dire que la montagne où ont été découvertes ces pierres brillantes et combustibles près de Stadaconé, que l'on appelle aussi Québec, a été nommée par dérision le cap Diamant. Et enfin, cette expression qui enchâsse dans la langue française la pierre précieuse qui n'en était pas, la voici : « Faux comme un diamant du Canada ! »

11

La Châtaigneraie
et le coup de Jarnac

(1547)

PRAIRIES BORDANT LA FORÊT DE SAINT-GERMAIN-EN-LAYE, PRÈS DU CHÂTEAU. JEUDI 10 JUILLET 1547

« Vivonne, à coup sûr !

– Chabot !

– Vivonne…

– Chabot, allons, ce sera Chabot.

– Brave homme, avez-vous jamais croisé sur votre chemin François de Vivonne, seigneur de La Châtaigneraie ? Si ce n'est de son épée que vous tâtez, c'est de sa parole ! Il vous envoie de ces phrases au visage, qui vous couchent plus bas que cette herbe tendre où nous venons de faire bonne chère.

– Vivonne… Un fanfaron, un matamore à la cervelle de coq ! Arrogant… Le serait-il autant s'il n'était l'intime du roi Henri II ? François Ier est mort le 31 mars de cette année 1547. Nous sommes le 10 juillet. L'affaire n'a pas traîné...

– François Ier avait interdit ce duel entre Vivonne et Chabot... Il fait une chaleur ici ! Regardez cette foule, ces familles assises en cercle. Cela vient de Paris, de la campagne aux alentours... Bien leur en a pris de s'installer pour le repas à la lisière de la forêt, l'ombre leur donne le frais.

– La forêt de Saint-Germain est généreuse en ombre...

– Et son château aussi ! Il y en a des ombres dans ce qui s'y passe !

– Des ombres, vous appelez des "ombres" ce que tout le monde sait ou devine. Pauvre François Ier ! Qu'il peinait à maintenir la paix entre les deux partis à la cour l'an dernier encore ! Il se méfiait de son fils comme de la peste...

– Comme d'un serpent, voulez-vous dire !

– L'an dernier, souvenez-vous, au château de la Roche-Guyon, le comte d'Enghien, le vainqueur de la terrible bataille de Cérisoles, en Italie, en 1544, s'assied contre la muraille pour se reposer après un jeu assez rude contre les amis du dauphin, notre Henri II. Au-dessus de lui une fenêtre s'ouvre. Un coffre-fort lourd en est lâché. Enghien meurt trois jours plus tard. Tout le monde sait bien qui a fait le coup. C'est cela que vous appelez des "ombres"...

– Je reprends mon serpent... Ce n'est pas du roi Henri que je voulais parler, mais d'elle...

– De Diane ?

– Diane de Poitiers, oui ! Henri est son pantin, elle en fait ce qu'elle veut, elle en joue, et dirige sa langue fourchue vers tout ce qui tourne autour de son ancien amant...

– Qui donc ?

– Allons, faites la bête à votre tour...

– François Ier ?

– Vous l'avez dit...

– Ils furent discrets !

– On doutera fort qu'ils eurent commerce de chair, dans les temps futurs. Et pourtant, pendant treize ans...

– C'est peut-être vous, la langue de vipère...

– J'ai des témoins sûrs ! Et comment donc expliqueriez-vous, sinon par la rancœur d'une femme jalouse, haineuse, cet acharnement du couple que sont Henri et Diane contre Anne de Pisseleu, duchesse d'Étampes, maîtresse de François Ier jusqu'à sa mort ?

– Il est vrai.

– Et c'est bien pour cela que nous sommes ici ! J'en termine avec les amours de Diane et François : rappelez-vous le jour où Jean de Poitiers, la tête sur le billot, la lame du bourreau presque sur le cou, fut sauvé *in extremis* par l'envoyé du roi François empêchant l'exécution, en 1524 ?

– Eh bien ?

– Eh bien, Jean de Poitiers, seigneur de Saint-Vallier, était le père de Diane et savez-vous ce qu'il a dit en descendant sain et sauf de l'échafaud ?

– Il me semble l'avoir ouï dire...

– Il a dit : "Dieu sauve le bon con de ma fille qui m'a si bien sauvé !"

– Vous croyez n'importe qui !

– Brisons là, voulez-vous ? Nous finirions en duel, et c'en est assez d'un pour aujourd'hui...

– Remporté par Chabot, je vous le dis !

– Vivonne, vous allez voir... »

Tente de François de Vivonne, seigneur de La Châtaigneraie, le même jour

« Mon duel sécrète de la passion jusque dans la province reculée, me dis-tu, les curés m'ont soutenu dans leurs églises ?

– Votre duel, monseigneur, résonne plus loin encore. Dans le Piémont, où vous avez combattu, on prend des paris sur votre victoire !

– Ah ! la bataille de Coni, dans le Piémont, tout près du Cérisoles de ce malheureux Enghien ! Coni, je m'y suis bien battu, c'était en 1542, voilà cinq ans, je n'avais que vingt-deux ans, et Dieu sait si je lui en ai envoyé des Piémontais !

– À qui, monseigneur ?

– À Dieu, pour sûr ! Ah, ah, ou Satan, plus sûrement... ah, ah, ah... Quels exploits j'ai accomplis là-bas !

– Si j'étais Chabot, monseigneur, je tremblerais...

– Il tremble, sois-en certain, Gautier, il tremble. C'est un duel à mort ! Le premier autorisé par un roi depuis saint Louis ! Tu sais que je vais le mettre à terre, Chabot, en quelques coups bien placés, que j'ai préparés avec l'aide de mon cousin Piero Strozzi. Et lorsqu'il aura mordu la poussière, ou bien Henri, mon roi se tait, et c'est pour moi le signe que je peux achever Chabot à la dague puis emporter son cadavre, l'humilier si je le veux, et je vais le vouloir, ou bien mon roi décide que Chabot a la vie sauve ; et nous voici encore avec ce fat pour des années.

– Votre honneur vous inspirera la meilleure action à conduire...

– Mon honneur, mon honneur ! Tu le sais, Gautier, c'est aussi celui du roi ! Tu te rappelles ce jour de 1546 où, rencontrant Chabot, toujours vêtu fort richement alors qu'il est sans le sou, notre Henri II, encore dauphin, toujours en embuscade de paroles, lui a posé la question que Diane venait de lui souffler : “Dites-moi, Jarnac, comment faites-vous donc pour dépenser tant en riches habits et mener grand train alors que vous avez si peu à dépenser ?” Et Chabot de répondre, benoîtement : “C'est ma belle-mère, la seconde femme de mon père, qui m'entretient.” “Ah !” fait le roi. “Ah, entendez-vous, Diane, sa belle-mère l'entretient, l'entretient… Voici donc un homme entretenu par une femme !” On entend alors ceci : “Qui dit entretenir dit accorder des faveurs…” ou encore : “Entretenu… Il couche donc avec sa belle-mère…” Et notre petite troupe, contente de son affaire, s'en va publiant partout que Chabot couche avec sa belle-mère !

– Chabot eût pu en rire…

– En rire ? Non, ce tout menu benêt clame que son honneur est atteint et celui de toute sa famille. Il publie aussi que celui qui a répandu de faux bruits sur son compte est un lâche, un malheureux et un méchant ! Et tu sais, toi, Gautier, d'où vient le tout premier bruit… C'est peut-être vrai après tout qu'il couche avec sa belle-mère ! Mais le mal est fait, Chabot accuse indirectement le dauphin Henri d'être un lâche ! L'honneur de l'un et l'autre est en jeu. Seul un duel peut mettre un terme à cette situation gênante. Mais un prince ne se bat pas avec un gentilhomme. Henri me choisit pour laver l'affront à sa place. Chabot et moi demandons au roi François l'autorisation de nous battre. Il refuse. François meurt.

– Et votre jour de gloire est arrivé, Monseigneur !

– Tu le dis, Gautier ! Regarde le festin que j'ai fait préparer sous cette tente immense pour ma victoire, regarde tous mes amis présents, qui sourient déjà de la folle soirée qui arrive. Regarde les trois cents jeunes hommes dont l'uniforme de satin blanc et rouge rayonne déjà de ma gloire ! Ils vont défiler tout de suite au son des musiques sur l'esplanade du château, devenue l'arène où nous allons nous affronter, Chabot et moi. Ajuste bien mon habit, Gautier, n'oublie rien, voici mon parrain de combat, le duc d'Aumale, qui vient me chercher pour faire le tour de l'esplanade, passer devant la tribune où le roi est déjà installé, entre Catherine de Médicis, la reine, sa femme, et Diane de Poitiers, sa maîtresse et sénéchale de Normandie. Sais-tu, Gautier, que le roi Henri m'a promis mille récompenses pour prix de ma victoire ? Des bénéfices, des abbayes, et peut-être le suprême commandement de son armée, moi qui n'ai que vingt-sept ans, tout cela conviendra fort bien à ma valeur, tout cela sera juste !

– Allez, Monseigneur, l'Histoire vous attend ! »

Tente de Guy Ier Chabot de Saint-Gelais, baron de Jarnac

« Louise, votre présence ici…

– Mon ami, ma présence sous votre tente, au milieu de vos compagnons, vos amis, tous ceux qui vous soutiennent, sera interprétée comme le meilleur gage de votre innocence et de votre bon droit.

– Entendez-vous les tambourins, entendez-vous les trompettes ? Voyez défiler ces jeunes gens en satin rouge et blanc qui passent devant la tribune… François de Vivonne, seigneur de La Châtaigneraie, fait son matamore ! Louise, merci d'être près de moi, votre image me donne la force d'entrer dans l'arène où l'on attend ma mort. Voyez mon offenseur, Henri II, là-bas, et près de lui, Diane, sa maîtresse, ils sourient mauvaisement, déjà…

– Guy, mon aimé, mon époux, je veux vous dire que depuis votre entrée dans la famille Pisseleu par notre mariage, il n'y eut jamais femme plus heureuse que je ne l'ai été. Guy, mon ami, je gage que vous sortirez vainqueur tout à l'heure, mais s'il advenait que le duel tournât au bénéfice de Vivonne, et que ce fier-à-bras ne vous épargnât point, je veux que vous emportiez pour dernière pensée la certitude que je ne connaîtrai jamais un autre homme que vous, puisque depuis notre union première, j'ai vécu tout le bonheur du monde.

– Louise, le défilé de Vivonne se termine, vous entendez ces clameurs d'admiration, il triomphe ! À moi maintenant d'entrer dans l'arène. J'ai réuni vingt de mes hommes de confiance, je les ai fait habiller de noir. Ils vont me précéder sur l'esplanade… Voyez, dans la tribune, près du roi Henri, la famille des Guises, les catholiques fanatiques… Louise, nous avons toujours été attentifs aux idées de la Réforme. Mon duel est judiciaire, mais il s'y ajoute cet enjeu religieux qui m'appelle à tout tenter pour vaincre. Voici mon parrain d'armes, Claude Gouffier, sire de Boisy, qui se battit à Pavie…

– Guy, mon aimé, Guy, mon mari, entre mes bras, une dernière fois, prenez cette force que Dieu me demande de vous offrir. Guy, votre maître d'armes, cet Italien Caize, vous a donné quelques coups sûrs à tenter, n'oubliez pas... Allez, je ne sais plus que prier. »

LE COMBAT

Les deux combattants s'avancèrent vers la tribune royale. Henri II se leva, le visage empreint d'une gravité qu'atténuaient de nerveux tremblements à la commissure des lèvres, comme un sarcasme étouffé, un tremblement de jouissance féroce et réprimé afin de donner en façade toute la dignité nécessaire à ce moment solennel. Guy Chabot, seigneur de Jarnac, avait le choix des armes. Son parrain, Claude Gouffier annonça en son nom que l'épée lourde avait été retenue, ce qui provoqua un murmure dans l'assemblée des grands et des nobles serrés autour de l'esplanade. Et ce murmure se répandit comme un souffle tempétueux parmi la foule dense, égaillée dans les prairies, jusqu'à l'orée de la forêt. « Il a choisi l'épée, la grosse épée, il est déjà mort, vous l'avez vu ? Il est mince, un gringalet trop vite poussé, plus grand que Vivonne, mais taillé comme un roseau ! »

Gouffier continua : « Une dague longue, pendant à la cuisse, et une autre dague, plus courte, fichée sur la bottine. » On entendait : « La Châtaigneraie, La Châtaigneraie... » sur toutes les lèvres accordées à la fièvre de l'air, à la brûlure du soleil. Et cela s'en allait mourir sous les arbres où l'on s'était mis debout pour tenter d'entendre et voir.

Enfin, le murmure devint clameur quand Gouffier désigna sur la table où avaient été déposées toutes ces armes un bouclier d'un modèle datant d'un siècle. Ce bouclier devait être fixé au bras gauche au moyen d'une gorge fermée sans articulation, rendant fort incommode tout mouvement. Et ceux qui savaient tout lâchèrent un « oh ! » sceptique : « La Châtaigneraie n'a plus que son bras droit, et ce bras droit est mal remis d'une arquebusade reçue à Coni. » On palpa méticuleusement chaque adversaire afin de sentir si quelque amulette, quelque charme ou billet nécromancien capable de brouiller l'esprit n'avait pas été glissé dans les étoffes de ses vêtements.

Il y eut encore les flèches aiguës des trompettes vers l'azur, l'averse de cristal des tambourins. Dans la tête de Chabot, baron de Jarnac, et dans celle de Vivonne, seigneur de La Châtaigneraie, une bête à griffes de mort venait de s'emparer de la place. Elle glissa jusqu'à leurs mains, jusqu'à leurs ongles, jusqu'en leurs muscles et leur cœur qui devint pierre. Ils étaient aveugles de rage.

Le roi leva le bras, puis l'abaissa d'un coup. Chabot et Vivonne se ruèrent l'un vers l'autre. On sentit bien vite que Chabot peinait, que sa respiration se gouvernait mal, que son geste ample allait rater ses coups. Mais on vit aussi que Vivonne bougeait peu, empêtré dans le bouclier qui paralysait son mouvement à gauche.

Chabot se mit alors à sautiller, se dégageant de son adversaire par le côté droit afin de le surprendre et d'en faire le demi-tour. Il opéra ce mouvement deux fois. Et à la troisième, alors que l'on jugeait déjà que son état de fatigue le poussait dans la défaite, il se retrouva encore derrière Vivonne et lui donna deux puissants coups d'épée sur les jarrets. Le gauche fut atteint, coupé net.

Vivonne s'effondra.

Un orage de voix et de cris mêlés devint une houle assourdissante, comme à la surface de la mer les vagues s'encolèrent sous la tempête. « Vivonne est tombé, Vivonne est tombé ! Vivonne est en sang ! » Dans la tribune royale, Henri II demeurait assis, pétrifié. Jarnac courut vers lui : « Sire, je vous donne mon adversaire. Pardonnez-nous nos fautes de jeunesse… » Henri II ne remua pas même les lèvres. Jarnac retourna vers Vivonne, qui rampait pour reprendre son épée. « Ne bouge plus, ou je te tue, Vivonne ! – Chabot, tue-moi, tue-moi ! »

Un immense silence de drame s'était répandu jusqu'à la forêt. On savait que si le roi ne disait rien, Chabot allait être contraint de percer de sa dague Vivonne jusqu'à ce qu'il meure. Pendant des minutes plus denses que l'entrée dans l'éternité, Chabot de Jarnac alla de La Châtaigneraie au roi, du roi à sa sœur, la duchesse de Berry, qu'il implora d'intervenir, retournant à La Châtaigneraie, comme atterré de ce qui venait de se passer. « Vivonne, Vivonne, soyons encore amis… » lui disait-il au moment où Henri II se leva enfin : « Jarnac, vous avez fait votre devoir et votre honneur vous est rendu. Que l'on emporte et que l'on panse La Châtaigneraie. » Ce qui fut fait.

Mais, au moment où le blessé saignant en abondance était emporté sur une claie, ses partisans attaquèrent ceux de Chabot, et ce fut une bagarre générale et meurtrière. Puis, le peuple des prairies, comprenant que la pagaille pouvait le servir, bouscula les soldats, enjamba les barrières, et se précipita sous la tente de Vivonne, où tout fut emporté, tourtes, vins, fruits, pain, brioche… Pendant ce temps, Guy de Chabot, baron de Jarnac, serrait contre sa poitrine Louise riant et sanglotant à la fois, caressant le visage de son homme, de son héros vivant. Vivant.

On pansa François de Vivonne, seigneur de La Châtaigneraie, mais on ne put soigner l'inguérissable plaie faite à son honneur. Il arracha les charpies couvertes d'onguents serrées autour de son jarret coupé, et mourut en quelques heures, au bout de son sang.

12

Claude François et la reine Margot

(1614)

Le 18 juillet de l'année 1614, Claude François entra dans la ville de Paris par la porte Saint-Germain. Il arrivait de ses terres d'Auvergne. Plus d'une semaine auparavant, il avait quitté Brioude, tantôt marchant, tantôt profitant de quelque voiture à chevaux ou à bœufs. Il avait aussi navigué sur des rivières en compagnie de bateliers au cœur gai qui faisaient reprendre à leurs passagers de fortune des chansons dont les mesures semblaient un escalier sans fin grimpant en farandole jusqu'aux délices célestes.

Claude François avait chanté à pleins poumons, et sa voix filant au ras de l'eau rassemblait d'autres bateaux revenus en hâte de l'aval ou pressant la rame de l'amont. Et bientôt, ce fut une vraie chorale qui éleva son chant dans les ramures touffues formant voûte au-dessus de la rivière, alternant la douceur de la berceuse et l'entrain endiablé des rondes de mariage.

Des villages voisins, on avait entendu passer dans le vent des brassées de cette gaieté filant sur l'eau. On était accouru jusqu'aux berges, et Claude François avait été prié de descendre du bateau, d'aller sur la place pour former avec le vielleux un couple dont on parlerait longtemps, car plus d'une amourette était alors éclose dans les jeunes cœurs charmés tourbillonnant au pas cadencé. « Il faudra que je lui raconte cela, avait pensé Claude François en reprenant le chemin de Paris, elle aime les petits miracles qui naissent de la musique. »

La marche vers Paris, par les bords de la Seine, l'avait décontenancé. Plus il approchait des remparts aperçus dans le lointain, plus les odeurs de verdure et de sous-bois se chargeaient de notes écœurantes, décochant vers le fond de l'âme des flèches de mort.

Soudain, sur sa droite, découvrant le gibet de Montfaucon, il avait compris la source de ces effluves désespérants : une dizaine d'hommes s'affairaient pour exécuter une charrette de condamnés à pendre sur l'immense potence carrée à deux étages. Des voix bravaches, des cris cassés mouraient dans les croassements de corbeaux volant en petits cercles, comme en éteignoir.

Il avait hâté le pas, contournant trop bas la ville, et voilà pourquoi, remontant plus au large, il s'était trouvé devant la porte Saint-Germain, deux tours pointues encadrant un grand porche auquel on accédait par un pont trapu franchissant le fossé d'enceinte.

La porte franchie, Claude François s'était engagé dans la rue de l'Esperon sur sa gauche, avait fait demi-tour pour retrouver la rue des Cordeliers. Puis il avait de nouveau tourné à gauche, rue Hautefeuille. Toutes ces voies étroites étaient bordées de larges étals, encombrées de passants, de pourceaux, de chariots, de poules, de chiens, de ventrées de veaux égorgés tout près, d'enfants dartreux, de fumier, et, au milieu, stagnait dans la rigole un jus immonde, brun à traînées rouges et glaireuses. « Mon Auvergne, avait pensé Claude François, mon Auvergne est propre, sa terre est pure et belle, la ville est un trou punais ! »

Perdu, il avait crié à la cantonade :

« Je m'en vais à l'hôtel de la reine Marguerite. »

Un tisserand s'était proposé de l'y conduire :

« J'y vais livrer ces étoffes, venez, l'ami ! »

À la sortie de la rue Hautefeuille, ils avaient traversé la rue de Saint-André, s'étaient engagés dans la rue Gillecoeur, débouchant sur le quai des Augustins.

« Regarde, l'ami, notre pont, tout neuf, enfin terminé ! Déjà, depuis sa première pierre, en 1578, on l'appelait le "pont Neuf" ! Il en a fallu des années, avec toutes ces guerres…

– Quoi donc va être hissé sur ce socle en son milieu ?

– Une statue, l'ami, et celle chez qui tu vas en sera contente !

– La statue du bon roi Henri ?

– Tu l'as dit, l'ami, le bon roi Henri IV, son mari ! Et au bout du pont là-bas, vois-tu cette espèce de haute maison avec un toit pointu ? C'est la Samaritaine, une énorme pompe qui donne de l'eau de la Seine au Louvre et au palais des Tuileries, à des fontaines aussi… Après la tour de Nesle et sa porte, on arrivera chez la reine Marguerite. Mais dis-moi, l'ami, tu es bien hardi d'aller ainsi chez la reine. L'as-tu prévenue ?

– Non, je viens la surprendre le jour de sa fête. J'ai écrit un chant pour elle. À mon nom seul, elle viendra vers moi !

– Et quel est ton nom l'ami ?

– Claude François. »

La reine Marguerite crut défaillir en voyant s'avancer vers elle Claude François. Pour lui, elle avait écrit des hymnes de messe qu'il mettait en musique, elle avait composé des poèmes qu'il ornait d'harmonies belles à tomber en pâmoison. Elle se rappelait le jour où il était arrivé dans la forteresse d'Usson, chaudronnier de son état, mais si jeune, si beau, si puissamment homme qu'elle était sûre qu'il s'adonnait avec autant de délices et de génie à l'œuvre d'amour qu'à la musique, trop souvent servie par la pâle rêverie de frêles créatures.

Usson, en Auvergne ! Gigantesque butte de terre en pointe capable de porter en son sommet une forteresse à vingt tours, doublée d'enceintes intérieures protégeant les pièces immenses, les couloirs sans fin, la chapelle, les cours, les réserves, les ateliers, les écuries… Usson ! Le village au pied du château, ses ruelles de vertige, ses petites gens si fiers de leur captive royale qu'ils la disaient là-haut, voisine de Dieu.

« Usson ! Claude François ! Claude François de Pominy, seigneur des Grèzes ! Vous étiez Claude, vous étiez mon cher Claude, mon maître de chapelle, et en même temps celui du Puy. Je vous ai anobli, je vous ai fait seigneur ! Dites-moi, Claude, comment vont les terres et le château dont je vous dotai ?… Ou plutôt, parlons de vous. Comment se porte celle à qui je vous mariai, Michelette de Faugères ? Marchons jusqu'à ma chambre, elle donne sur le pont Neuf. Savez-vous, Claude, qui se dressera bientôt, au milieu de ce pont, sur le socle déjà prêt ?

– Un tisserand me conduisant ici me l'a appris… Vous voici en paix, Madame, après tant de turbulences. Peut-être que le fleuve sous vos fenêtres nous donne l'image de ce que nous sommes : ballottés un temps par les crues au cœur des saisons où fermentent les grains de vie dans la terre, ainsi serait la jeunesse fougueuse ; et puis cette colère passée, le cours tranquille de l'eau étale, la douceur de l'azur s'y reflétant, cela devient l'image de l'âge et de la sagesse qui apportent à l'esprit et à l'âme le repos.

– Vous parlez bien, Claude François, aussi bien que vous chantez mes hymnes et mes poèmes. Tout à l'heure, me ferez-vous l'honneur d'en reprendre un, pour moi ? Oui, vous parlez de l'eau étale… J'ai le temps de la contempler… Elle file vers la mer qui résout son hasard, ainsi que la mort dénoue le nôtre. Et chaque jour, j'y interroge les miroirs du ciel, qui déjà, dans cette éternité que l'on nous promet, contient tous les avenirs. Je suis inquiète, Claude, inquiète…

– Vous étiez habitée d'inquiétude, Madame, à Usson, je parvenais à la dissoudre dans une bonne infusion de notes tintinnabulant jusqu'aux voûtes de la chapelle…

– J'aime tant les mots que votre sourire me dessine. Usson, c'est mon frère, mon propre frère, le roi Henri III, qui avait ordonné que j'y restasse captive. C'était en 1586, vingt-huit années ont passé depuis, j'avais trente-trois ans… Ce qui m'inquiète, Claude François, c'est ma vie, ma vie qui a traîné sous les plumes méchantes des catholiques trop zélés, puis sous celle des protestants qui ont cru que je les trahissais. Ma vie, comment la lira-t-on dans les temps mystérieux qui seront parcourus de millions d'inconnus, nos fils et nos filles des ères futures… Que dira-t-on de moi ? Quel portrait feront de ma personne les plumes toujours promptes à la surenchère ?

– On aura du respect pour vous, Madame, on saura vos chagrins, votre courage, votre grande âme, on…

– Ma vie… Mon père, le roi Henri II, mort la tête percée par la lance de Montgomery dans ce duel affreux du 30 juin 1559. Nous étions heureux alors, Claude, jusqu'à ce jour. Et puis il fut absent, pour toujours. Et ce fut le malheur. Mon frère, le roi François II, mourait un an plus tard, à seize ans, dans l'horreur de cris que j'entends encore, ses oreilles ayant conduit à son cerveau un pus blanchâtre qui fut retrouvé par les lames d'Ambroise Paré. Malheur à Amboise lorsque les conjurés huguenots sont pendus à la balustrade du château, j'avais sept ans, je les ai vus, Claude, des têtes décapitées étaient fichées sur les grilles ! Malheur encore deux ans plus tard, en 1562 : les catholiques de François de Guise massacrent les huguenots à Wassy, des femmes et des enfants transpercés par l'épée sous l'œil bien lointain d'un même Dieu… Ma mère, Catherine, veut que vivent ensemble les deux religions, et nous voici partis sur les routes du royaume, pendant deux ans, en 1564 et 1565, pour en persuader toutes les provinces. Ah, si vous aviez vu cela, Claude : seize mille chevaux, des processions de chariots, de charrettes, de voitures richement parées, des gentilshommes par centaines, les grands seigneurs, les princes, les Suisses en écarlate, des pages et des laquais, des cuisiniers, des échansons, des palefreniers, des gens d'Église, des fauconniers, des trompettes et des tambours, des jours de lenteur, deux printemps de bonheur à Troyes, à Bordeaux, deux étés de folie, à Roussillon, à Bayonne, l'automne à Châteaubriant, à Avignon, l'hiver à Tarascon. J'oubliais, Claude, j'oubliais l'escadron volant créé par ma mère, quatre-vingts des plus belles jeunes filles du royaume, les mieux éduquées, élevées dans la pratique des lettres de la musique, quatre-vingts jeunes filles capables d'installer avant toute négociation un climat de sourire, de détente et de bonheur d'être. Aucune autre volonté que celle de créer l'amitié pure entre femmes et hommes, et cela fut admis, compris, ma mère réussissait à imposer le bonheur par le charme et l'intelligence… Et pour prix de ces merveilles, la guerre, encore la guerre ! Condé, le huguenot qui tente d'enlever mon frère Charles IX et ma mère à Meaux ! La guerre encore… Henri de Navarre, mon roi, mon époux depuis, futur Henri IV, nommé chef de l'armée des protestants, à dix-sept ans ! Et puis cette idée de ma mère, Catherine, pour tout arranger : puisque les catholiques et les protestants ne cessent de se faire la guerre, qu'ils se fassent donc l'amour et tout ira bien. Claude François, vous le savez, c'est moi qui suis contrainte d'épouser Henri de Navarre, et cela ne me déplaît pas. Je veux bien servir la paix. Je le trouve rustre, sale, mais toujours joyeux, vif, batailleur, invincible. On a dit que j'avais fait la rebelle, que j'avais dit ce fameux « Jamais ils ne m'auront », ce sont des légendes nées de mon premier mouvement, celui du refus instinctif, qui ne dura pas. Devant Notre-Dame, où la bénédiction nuptiale nous fut donnée, car les protestants ne voulaient pas entrer dans le lieu sacré, j'acceptai de bonne grâce la main d'Henri. C'est un mensonge que de prétendre qu'il fallut la main de mon frère Charles IX, le roi, pour me faire acquiescer. En ce temps-là, j'ai pris de la taille, de la gorge, je suis belle, on me le dit, je le crois, je séduis et j'en use, mais de raisonnable façon. J'aime avant tout l'idée de l'amour. Que des yeux conquérants préparent leurs armes pour me gagner, je le sens, je le sais, ou le provoque, et c'est moi toujours qui donne la victoire ou force au renoncement. En amour, Platon me guide, Claude, vous le savez...

– Pourtant, Madame, pourtant...

– Ne dites rien, Claude, notre voie première à Usson fut celle du sentiment subtil, et cela dura jusqu'à ce que deviennent naturelles, nécessaires, des caresses au pouvoir plus apaisant que des mots mariés à la musique. Pourquoi cela ? La réponse est en votre souvenir et dans le mien, je savais que mon frère, ma mère et mon mari souhaitaient ma mort, et je m'attendais chaque jour à être transpercée de la dague qu'ils auraient payée pour cette besogne. J'avais peur, et vous étiez là. En ce temps-là, pour que l'on ne se trompe en rien sur moi, j'envisageai d'écrire mes Mémoires...

– Madame, c'est assez de dire vos malheurs. En ce jour du 18 juillet, votre fête, j'ai apporté un air que j'ai composé pour le souvenir d'Usson, de nous…

– Vous êtes tellement bon, Claude, mais laissez-moi dire encore un moment, s'il vous plaît, afin que le fleuve du temps les apaise, toute ma misère, et mes malchances… Le 24 août 1572, quelques jours après mon mariage, mon frère, le roi Charles IX, et ma mère décident de faire assassiner quelques chefs huguenots, une dizaine. Ce sont des milliers de protestants qui meurent en cette Saint-Barthélemy funeste, indélébile tache sur le nom des Valois ! Et je vis l'horreur ! Malheur encore en 1574, lorsque meurt mon frère Charles IX, les poumons pourris. Malheur deux ans plus tard : Henri, mon mari, s'évade de la cour de France pour rejoindre sa Navarre, il redevient le chef des protestants. Henri III, mon frère, est le nouveau roi. Mon autre frère, François d'Alençon, se brouille avec lui. On m'accuse de diriger fuites et brouilles, alors que je tente de dissoudre les haines. François voudrait être roi d'une Flandre où se réaliserait le rêve de ma mère : catholiques et protestants mêlés vivant un paradis sur terre. Mais François meurt en 1584, au retour de mon séjour à Nérac, en Gascogne, où j'étais restée trois ans, près de mon mari volage. Si volage que je l'abandonne. Et me voici dans la nature, poursuivie par les deux religions qui souhaitent ma mort. On m'arrête sur l'ordre de mon frère le roi, et on m'enferme à Usson en 1586…

– Pour mon bonheur, Madame. Maintenant, chantons…

– … vingt ans à Usson, vingt ans dans votre Auvergne, mon Auvergne où je réussis à apaiser les tensions religieuses ! Ma mère meurt en 1589. Dans le même temps, mon frère Henri est assassiné. Est-ce assez de malheurs ? Point encore… Usson, pourtant, devient par ma volonté l'école du platonisme, du raffinement, on y décline le sentiment avec dans l'esprit l'élégance qui bannit les unions de chair soudaines et bestiales. Et si le cours de la pensée amoureuse croise un de ces hasards où le désir de n'être plus qu'un, sans métaphore, se fait impérieux, les corps deviennent une sorte d'harmonie céleste, parfaite, née de l'espoir soudain comblé jusqu'à la pâmoison. Mes amis et correspondants s'appelaient Montaigne, qui me passionna lors de son séjour à Paris en 1580, Guillaume du Bartas, Honoré d'Urfé, si souvent présent à Usson, et qui vous découvrit.

– Enfin, votre retour à Paris, voilà dix ans, après l'annulation de votre mariage, qui permit à Henri IV d'épouser Marie de Médicis.

– Ils venaient me voir tous les deux, dans cette petite cour que j'ai créée en mon hôtel des Augustins. Nous étions de bons amis tous les trois. Et l'infâme Ravaillac a poignardé ce doux bonheur le 14 mai 1610 ! Voilà toute ma vie, Claude François ! Des malheurs, des misères, des…

– Des amours, Madame…

– Oui, Claude, il y eut Bussy d'Amboise, si sûr de lui, je l'aimais pour ses bravades, son audace ; il eut celle de courtiser la dame de Monsoreau, il en mourut. Il y eut Jacques de Harlay, seigneur de Champvallon, que j'aimai à cœur perdu. Voilà, ces deux hommes seulement occupèrent mon cœur, j'eus pour eux de la ferveur et peut-être un peu de folie… Mais, Claude François, je vois dans les miroirs du ciel bien des visages que l'on déclare mes conquêtes sous les plumes de la haine, et ces têtes ont des grimaces affreuses. Les ignobles scribes qui ont consigné mes amours imaginaires seront-ils demain les vainqueurs de ma mémoire, et feront-ils de mon être une âme immonde, un corps qui se donna à ses frères ? Ces bruits que font courir encore les ennemis de ma famille se sont-ils éteints ? Peut-on imaginer entre François, Henri, Charles et moi d'autres événements que ceux de la tendresse fraternelle ? Une union de chair ? Je frémis d'horreur à cette idée ! Croira-t-on ce bruit qui dure encore et me met dans les bras du duc Henri de Guise ? Oui, je l'aimais, en amie, en prudente politique qui œuvrait pour l'union des religions. Ajoutera-t-on foi à toutes ces images d'ordure où l'on me montre affamée du sexe mâle, roulure enfiévrée, chienne jamais repue, dans le lit avec des jeunes hommes dont je fais ma suite, prise par tel ou tel, n'importe quand, n'importe où… J'ai peur, Claude François, que l'on ajoute foi à cette histoire Du Guast, favori de mon frère Henri III, que j'aurais fait assassiner par un spadassin pour une bourse d'or donnée dans une chapelle une nuit où il aurait exigé mon corps, et où je le lui aurais donné… Et toutes ces morts autour de moi, celle de mon prétendu amant La Môle, décapité, dont j'aurais récupéré la tête fichée sur la place de grève au bout d'une pique, y prenant un ultime baiser glacé avant de la conserver dans une boîte couverte de plomb enterrée à Montmartre ? Tout cela est écrit, Claude François, tout cela se répète, tout cela est monstrueux, ce n'est pas moi, jamais je n'ai trempé dans ces turpitudes, dans ces banlieues de l'enfer ! Jamais. Combien diront m'avoir surprise dans l'exercice public de l'amour, combien affirmeront m'avoir regardée, les jupes retroussées, en bête de lucre, assouvir mon désir ? Vous, Claude, vous savez qu'il n'en est rien, que toujours mon cœur fut pur, et que je conduisis ma vie afin de ne jamais blesser la morale, ou ternir mon image qui passera dans les siècles à venir. Claude, pensez-vous qu'en ces temps lointains il se trouvera des êtres assez sages pour séparer le bon grain de l'ivraie, pour éteindre le soufre et me rendre la lumière, pour nier l'immonde et tracer de moi le portrait que j'ai ébauché dans mes Mémoires ? Ou bien donnera-t-on à ces ragots l'ampleur suffisante pour que, la bave aux lèvres, des lecteurs aux méninges en feu, aux parties malades, à l'âme délabrée, assurent que ce tas d'immondices fut ma vie ? Claude François, rassurez-moi : des générations qui viennent, j'espère le meilleur, je souhaite la sortie de l'état de violence que nous avons vécu. Et cela s'accompagnera d'une croissance de l'intelligence générale. Jamais on ne prendra le fiel des petites hyènes de la page pour vérité, rassurez-moi, Claude… »

La reine Marguerite de Valois venait de fondre en larmes. Celle que seul son frère Charles avait surnommée Margot venait de voir passer, dans les miroirs du ciel et les possibles de son destin posthume, le spectre de son être déformé, hideux, ridicule et honteux que lui bâtiraient peut-être des écrivains ou des artistes plus vils que le bourreau puisque, si celui-ci harcèle les vivants, ceux-là violent la mémoire des morts. On entendit la réponse de Claude François, où passaient ces mots désolés, à propos du genre humain : « … stupides… assez fous pour… méchants… Français surtout crédules, crédules, crédules… »

Claude François interpréta ensuite sa chanson de fête. Il renonça à révéler à Marguerite le véritable but de sa visite : incapable de gérer les biens qu'elle lui avait légués, il s'enfonçait dans la ruine. Il reprit la route, le cœur lourd, évita les rivières à chansons trop gaies, les paysages trop purs lui rappelant les temps heureux d'Usson.

Lorsqu'il arriva à Brioude, il s'alita. Sa famille, trop occupée dans la campagne, le laissa peu à peu sans tendresse, avec juste ce qu'il fallait de pain et de vin pour que l'approche de la mort fût discrète.

Claude François s'éteignit à l'orée du printemps 1615. À Paris, au même moment, on étendait les tentures du deuil à l'hôtel de la reine Marguerite. Le 24 août précédent, elle avait vu se poser sur le socle du pont Neuf la statue de celui qu'elle avait tant aimé, peut-être le seul homme de sa vie : Henri IV. Elle regretta seulement que, même devenu statue de bronze, il demeurât homme jusqu'au bout, ingrat, amant goujat puisque, grimpé sur son socle et son cheval, vu de l'hôtel où elle allait finir ses jours, il lui tournait le dos.

13

Agrippa d'Aubigné pour Bignette

(1690)

C'est une nuit de mai, 1566. Genève veille. Agrippa dort. Tecia. Bartholomé Tecia à ses côtés. Un peu plus loin, dans le même lit, Emeric Garnier. Emeric se tourne et se retourne sous l'édredon parce que la semaine passée, Tecia et lui dans la salle d'étude, seuls, après avoir prié, se sont mis à lire ; et Tecia, chahuteur, s'est mis debout, soudain, lâchant ses chausses. « J'ai tellement chaud… » a-t-il soupiré en se jetant sur Emeric, qui a cru à un jeu, la simulation d'une bagarre, la joute d'amis en mal d'exercer leurs jeunes muscles de quinze ans dans le maniement d'épées de combat.

Emeric a lâché sa version latine, et son rire, mêlé à celui de Tecia, s'est échappé en volutes par la fenêtre. Silence. « Tecia, Tecia, laisse-moi… » Assis sur une chaise, Tecia n'a pas ouvert l'étau de ses bras enserrant Emeric. Il l'a attiré sur lui de sorte que la partie tendre de son ami surpris se tortille sur la singulière tension qu'il a entretenue entre ses jambes, pendant leur lutte. « Tecia… ! »

Est-il mort, Tecia ? Il ouvre ses bras qui retombent mollement, Emeric se lève, épouvanté. « Que fais-tu ? Que voulais-tu… ? » « Rien, Emeric, n'en parle pas, cela pourrait nous nuire, à toi, à moi, ils sont si méfiants de tout ici, dans ce collège, surtout celui qui nous dirige, Théodore de Bèze… »

Agrippa continue à dormir. Et soudain, au cœur de l'heure mystérieuse où l'âme folâtre avec l'éternité, des ruées d'images éblouissent le firmament orageux de son sommeil. C'est d'abord son père, Jean d'Aubigné, huguenot austère et froid, qui lui explique sa naissance. On vient lui demander : « La mère ou l'enfant ? » « L'enfant ! » Ainsi disparaît à vingt ans Catherine de l'Estang, mère d'Agrippa, *aegre partus*, né dans la douleur. Catherine, femme lettrée, raffinée, d'une beauté sans pareille.

Puis, l'orage du rêve brasse à nouveau son court passé : le voici, lui, Agrippa, et sa propre image dans le lit de ses sept ans, en 1559. Il attend son précepteur Morel, celui qui a remplacé Cotin le fou, avec lequel il a appris le grec, l'hébreu et le latin, en même temps, de sorte qu'à six ans l'élève Agrippa connaît ces trois langues, plus le français ! Cotin plus tard brûlé sur un bûcher à Rouen, pour hérésie.

Agrippa attend Morel. C'est la pénombre du petit matin. Et voici qu'entre dans sa chambre une présence, et cette présence frôle le grand rideau qui s'enfle à son passage, elle vient près de son lit. Il voit alors ce souffle devenir une femme très belle et très blanche qui dépose sur son front un baiser glacé, puis disparaît. Sa mère, Catherine ?

Oui.

Orage encore. C'est en 1560 : Jean d'Aubigné, Agrippa et ses huit ans partent à cheval pour Amboise. La conjuration des protestants qui voulaient enlever le roi a échoué. Le cadavre des meneurs pend à la balustrade du château. Les têtes coupées des compagnons d'armes de Jean le huguenot sont installées au bout de piques, sur des poutres… « Agrippa, tu vas vivre désormais pour les venger. Si tu t'y dérobes, tu auras ma malédiction ! »

Orage ultime. Avril 1562. Pour ses dix ans, Agrippa est placé chez Béroalde, illustre maître, près de la porte Saint-Victor, à Paris. Deux mois plus tard, Béroalde, qui défend la Réforme, est menacé de mort. Il s'enfuit avec ses élèves. Tous sont arrêtés à Courances, près d'Évry, par des catholiques. Le soir même, on leur annonce qu'ils seront pendus ou décapités le lendemain.

Les dix ans d'Agrippa, son visage d'ange émeuvent un bon gentilhomme qui avait été moine. Dans la nuit, il fait évader la petite troupe, mais confisque les riches bagages, qu'il se partage avec les gardes. Direction Orléans. La peste y sévit. Elle terrasse les évadés. Agrippa, la tête en feu, voit mourir près de lui trois de ses jeunes amis, la femme de son maître, son chirurgien. Lui, il guérit.

Agrippa dort. Mais quelle étrange houle le pousse vers la berge des sommeils qui s'échouent au cœur de la nuit ? Genève est dissoute dans l'obscur passage qui la rend à ses démons et son Dieu, infatigables massacreurs.

« Les venger… Mais quelle arme ? Quel fer, quelle lance… ? Tecia ! Tecia, que fais-tu ? Que veux-tu ?… – Laisse-moi le passage, juste le temps… » Agrippa s'est réveillé, comme en plein jour. « Tecia, Bartholomé… Non, non ! Lâche-moi… – Juste, juste un… ohhhh. – Bartholomé ! – Allons, tu ne veux pas que je te, qu'en toi, je…, je te laisse à ton sommeil… – Lâche-moi… »

*
* *

10 juin 1566 : « Nous, syndic des juges de causes criminelles à Genève, te condamnons, toi, Bartholomé Tecia, né en Piémont, à être lié et conduit près de l'hôtel de ville où tu subiras la torture de l'estrapade, ton corps pendu à corde et poulie sera lâché trois fois sur le pavé afin que tu avoues tes autres crimes de chair. Puis tu seras emmené en barque sur le fleuve Rhône par François Tabazan, notre bourreau qui te noiera pour bougrerie. Ton châtiment servira d'exemple à tous ceux qui seront tentés de se conduire comme toi. »

Fuir ! Ne rien voir de cette exécution ! Agrippa abandonne dans Genève son premier amour, Louise Sarrasin, fille d'un médecin protestant émigré. Son pécule l'emmène jusqu'à Lyon, où il apprend la magie. Mais l'argent s'épuise. Plus un sou ! Un soir de 1567, Agrippa, seul, traverse un pont sur la Saône. Il s'arrête, l'âme si désespérée que des larmes coulent sur son visage encore enfant. Et ces larmes tombent dans l'eau où l'attire le sourire triste de Tecia le sacrifié, Bartholomé Tecia, qu'il a envoyé à la mort en rapportant son aventure à Théodore de Bèze.

Agrippa se penche vers la rivière. Il s'en faut d'un rien qu'il se jette dans les remous du cours d'eau où s'éteindrait son remords. Mais, ayant tourné la tête, il voit venir vers lui, à cheval, son cousin qui, le sachant dans le besoin, lui apporte de l'argent. Sauvé, Agrippa !

Catholiques et protestants, est-ce la paix en cette année 1568, où on la dit signée à Longjumeau ? Non, ce ne sera jamais la paix avant 1598. Pendant vingt ans, Agrippa va devenir un diable invincible qui défie la mort sur tous les champs de bataille.

À seize ans, presque nu, en chausses et chemise, il s'enfuit d'Archiac, fief saintongeais des huguenots où son père, Jean, l'avait mis en sécurité pour qu'il poursuive ses études. Il se joint à une troupe de réformés qui attaquent Angoulême, Pons...

Ivresse des combats, attaques de remparts, entrées triomphales dans les villes prises, poursuite fiévreuse des fuyards arrêtés, passés au fil de l'épée, pillages, viols de ces femmes qui sont les prises de guerre et que l'un des capitaines de son ami Brantôme déclare la « meilleure viande au monde ».

Trois années d'aventure, de coups de main, d'embuscades, de périls, et toujours Agrippa debout, griffé, tailladé, entaillé, mais debout, pendant qu'autour de lui tombent ses compagnons d'armes. Plus fort que la mort, Agrippa ! Le baiser de la femme très belle et très blanche, sa mère, l'a rendu invincible ? Les coups d'épée et d'arquebuse sont-ils déviés par quelque main gracieuse, fine et invisible ? Les sages vous diront non. Mais vous…

La guerre, bien sûr, la guerre. Et l'amour, cette autre guerre sans autre troupe que soi, seul, sans armes si ce n'est les regards ajustés, éperdus, pleins du velours des désirs les plus hardis, l'amour avec pour arsenal des mots aveugles, boiteux, habiles à se travestir en poèmes conquérants, le temps de la douce lutte, puis prompts à se désassembler dans l'ordinaire du quotidien, l'ennui.

L'amour pour Agrippa ? C'est Diane, Diane Salviati, la fille du seigneur du château de Talcy, au nord de Blois. Diane est la nièce de Cassandre Salviati, pour qui l'énamouré Ronsard a écrit : « Mignonne allons voir si la rose… » Agrippa envie Ronsard, ce déjà barbon qui séduit les princesses et les princes et le roi même, avec des rimes ! Eh bien, il va rimer, Agrippa ! Pour Diane, voici que naît *Le Printemps*, un ensemble de poèmes avec du feu, du sang, des squelettes, qui disent la passion dévorante et tragique – tout pour séduire !

En pleine rédaction de ce flot de sève brûlante, il part se joindre à des troupes qui s'en vont guerroyer aux Pays-Bas. Mais voici que les noces de Marguerite de Valois, la catholique, avec Henri de Navarre, le protestant, se préparent. Des huguenots partout dans Paris. Les catholiques s'échauffent contre cette présence. Des échauffourées agitent les rues un peu partout. Agrippa se bat en duel place Maubert alors que pour les noces tout combat est banni. Il doit fuir la ville et bien lui en prend, car trois jours plus tard, le 24 août 1572, au son du tocsin, le grand massacre de la Saint-Barthélemy décime les protestants de la capitale, et, plus tard, des grandes villes de France.

Le Printemps en poèmes reprend son cours au château de Talcy. Agrippa conduit si bien son affaire qu'il emporte la place, mais, au fil de ses absences, Diane semble distraite, puis distante.

En décembre de la même année, il part pour Paris, fait halte dans un petit village de Beauce. Sortant de son hôtellerie, il est attaqué par un cavalier catholique, veut riposter mais glisse sur le sol couvert de verglas. Le cavalier revient à la charge et lui taillade la tête en deux plaies profondes.

Agrippa, moribond, enfourche un cheval pour repartir vers Talcy. Puisqu'il faut mourir, il veut rendre le dernier soupir dans les bras de Diane. Il délire, jure de ne faire de sa vie qu'une longue louange à Dieu. Diane s'attendrit, le soigne, le guérit. Le voici reparti. À son retour, il apprendra qu'au pauvre huguenot sans biens on préférait un riche parti pour Diane.

Pauvre Diane, qui, deux ans plus tard, spectatrice d'un tournoi à la cour, voit son Agrippa, écuyer d'Henri de Navarre, entrer triomphant aux côtés du futur roi de France, entouré des plus grands seigneurs. Magnifique Agrippa, cible des regards fascinés de ces dames tenues chaque jour au courant des exploits de ce demi-dieu plus beau qu'Apollon, plus fort qu'Hercule.

Tantôt il met en déroute trente hallebardiers qui l'attaquent, tantôt il est vainqueur de treize matois casqués de fer qu'il blesse ou tue… Agrippa étincelant ! Diane est en pleurs, seule parmi les princesses, elle est promise à un terne chevalier. Saisie de consomption à partir de ce jour de regret sans fond, elle meurt de chagrin deux ans plus tard. Agrippa ne se remettra pas de cette disparition, de cette malheureuse amour.

1577. On se bat à Casteljaloux. Les catholiques contre les protestants. Agrippa y est si gravement blessé qu'il croit en mourir, mais l'invisible main guérit ses plaies pendant qu'il forme le projet d'écrire un immense poème épique racontant ses aventures et toutes ces guerres entre papistes et parpaillots qui font de la France une plaie sans fin.

Une plaie qu'il ne cesse d'entretenir, car son feu pour le combat ne s'éteint pas… Montaigu, qu'il conquiert et pille, batailles en Saintonge, à Oléron, à Coutras, à Niort, à Maillezais – dont il s'empare et devient gouverneur. Fâcheries et réconciliations avec Henri de Navarre, le protestant évadé de la cour catholique, mais qui songe sérieusement à abjurer.

Abjurer ? Inadmissible, pour Agrippa et son serment ! En 1594, le jeune Châtel tente d'assassiner Henri mais ne le blesse qu'à la lèvre. Alors, Agrippa prédit : « Sire, vous n'avez encore renoncé à Dieu que des lèvres, il s'est contenté de les percer ; mais quand vous y renoncerez de cœur, il vous percera le cœur ! »

Devenu roi de France, Henri IV tente une réconciliation définitive avec Agrippa en 1605. Sans succès. La prophétie, elle, se réalise en 1610 : le 14 mai, Ravaillac perce le cœur du roi, qui en meurt.

En 1577, Agrippa était tombé fou amoureux de Suzanne de Lezay, qu'il n'avait pu épouser, lui, de petite noblesse, qu'en 1583. Deux filles naissent : Louise-Artémise et Marie. Et un fils : Constant. Charmant enfant, Constant fait le bonheur d'Agrippa et Suzanne. Des dons pour tout : l'étude, la musique. Suzanne meurt en 1595.

Un an plus tard, à Sedan, Constant s'ivrogne ; en Hollande il sombre dans le jeu. À vingt-trois ans, en 1608, il épouse sans le consentement d'Agrippa une jeune veuve qu'il tue au bout de dix ans, l'ayant surprise dans les bras de son amant. Douleur, humiliation pour Agrippa, qui demande au roi Louis XIII des lettres de rémission. Douleur plus grande encore lorsque, dans le même temps, Constant le cynique se convertit au catholicisme. Puis il fabrique de la fausse monnaie…

Mis au cachot, Constant séduit la fille du gouverneur de sa prison, Jeanne de Cardilhac, l'épouse en 1627. Le voici libre, mais il complote contre Richelieu, qui l'enferme au fort de la Prie, sur l'île de Ré.

Agrippa, dans la peine, se console en écrivant. Il termine la rédaction de son grand œuvre : *Les Tragiques*, commencé trente ans auparavant. En sept livres et 9 302 vers, il raconte son siècle de sang ; c'est de la hargne, de la colère hallucinée, de la férocité ; du lyrisme aussi lorsque les alexandrins se laissent bercer par la rêverie d'un monde meilleur. Le tout est tendu comme un sanglot qui n'en finirait pas. Agrippa le signe de ce sigle : LBDD – Le bouc du désert –, en référence à un chapitre du Lévitique, dans la Bible, où un bouc expiatoire est envoyé au démon sauvage Azazel, dans le désert.

Les sept livres des *Tragiques* paraissent en 1616. Trop tard ! Ces tourments sont d'un autre âge, et François de Malherbe a fait le ménage dans la langue française : on ne comprend plus les vers d'Agrippa !

Il écrit aussi une histoire universelle où éclatent ses convictions calvinistes. Histoire condamnée à Paris ! En danger de mort, il gagne Genève, où un accueil triomphal lui est réservé. Le 24 avril 1623, à soixante et onze ans, il épouse Renée Burlamacchi. Le bonheur enfin ? Non, fidèle, le malheur veille : Marie, fille aînée d'Agrippa, meurt trois ans plus tard.

Constant continue à le trahir. Agrippa a tout juste le temps de mettre un point final à ses Mémoires : *Sa vie à ses enfants*. Le jeudi 9 mai 1630, à Genève, le poète, le soldat, l'amoureux, l'engagé, l'enragé d'Aubigné Agrippa rend son dernier soupir.

Et Constant ? En 1635, alors qu'il a été transféré à la prison de Niort, naît Françoise, que sa mère Jeanne va appeler « Bignette », c'est-à-dire la « petite Aubigné ». La situation financière de la famille est si désastreuse que Jeanne, qui tente de vivre un temps à Paris, doit vendre tous ses biens.

Lorsque Constant sort de prison après la mort de Richelieu, Bignette a huit ans. Le 27 août 1644, elle embarque avec son père, sa mère et ses deux frères sur l'*Isabelle de la Tremblade*, qui va les conduire en Martinique. Constant compte y faire fortune…

La traversée se déroule dans des conditions très difficiles. Les passagers tombent malades tour à tour. Beaucoup meurent et sont jetés à la mer après une courte cérémonie : le canon tonne puis le corps bascule dans l'océan.

Après deux ou trois semaines de navigation, Bignette est prise d'une forte fièvre. Puis, quelques jours plus tard, elle tombe dans une sorte de léthargie suivie d'une telle raideur du corps qu'on la croit morte. Sa mère est au désespoir. Le lendemain, on enveloppe l'enfant dans une toile, on s'apprête à la basculer dans l'océan, le canon va tonner…

Jeanne se précipite pour embrasser une dernière fois sa petite Françoise. Soudain, l'ayant effleurée des mains et des lèvres, elle s'écrie : « Son cœur bat, elle vit encore ! » Bignette est frottée, réchauffée, elle revient à la vie. Sauvée !

La famille s'installe en Martinique, mais dès le début de 1645, Constant trouve un prétexte pour revenir en France, abandonnant sur l'île sa famille. Il meurt deux ans plus tard à Orange…

Jeanne parvient à ramener son monde à La Rochelle fin 1648, ruinée. Cinq années passent, Françoise, devenue une très belle jeune fille, épouse Paul Scarron…

*
* *

Je vous remercie, monsieur ! C'est ainsi que j'aime entendre parler de mon grand-père Agrippa que j'admire, et de mon père, Constant, dont je ne veux pas vous livrer le nom du sentiment qu'il m'inspira toujours. Oui, vous le savez maintenant, j'ai failli être jetée dans les eaux du grand océan ! Je frémis toujours lorsque ce passage de ma vie est conté en ma présence. Mon biographe d'aujourd'hui s'est montré fort habile à remonter le temps. Lorsque je rencontrai le roi, il ignorait tout de mon aventure. Lorsqu'il la sut, il gratifia ma famille de milliers d'écus en récompense des services qu'Agrippa rendit à la France. Et moi, aujourd'hui, marquise de Maintenon, épouse de notre souverain Louis XIV, je suis fière du soldat que fut Agrippa d'Aubigné, et s'il se trouve parmi vous quelque autre habile conteur ou conteuse à nous le faire revivre, je vous invite, Messieurs ou Mesdames, à m'en venir faire la demande afin qu'en ce siècle, et dans les siècles à venir, on ne l'oublie pas.

14

Mahé, Dupleix et les Indes, jusqu'à Lally

(1766)

« Place ! Place !…

– Monsieur, on nous bouscule…

– Place ! Service de monsieur de Paris !…

– Qu'il aille, c'est un exempt bilieux qui serait capable de nous décréter d'arrestation…

– Vous avez raison, Monsieur, qu'il aille ! Monsieur de Paris, le bourreau, s'affaire là-bas, sur l'échafaud, avec son fils Charles-Henri. Tous deux guettent l'arrivée de l'ordre ultime pour effectuer la décollation, sans doute cet exempt en est-il porteur…

– Pardonnez-moi, à cause de ce malotru, je vous ai écrasé le pied…

– Et moi, de mon coude, je vous ai envoyé une chiquenaude, alors je vous demande le même pardon… Je n'ai pas l'honneur de vous connaître, Monsieur.

– Je me nomme Jean-Jacques d'Éprémesnil, avocat au Châtelet.

– Et moi, Louis-François Mahé de la Bourdonnais…

– Dieu du ciel !…

– M'auriez-vous croisé, Monsieur, en quelque lieu où je vous eusse laissé un souvenir si vif que vous me serviez ce visage de surprise attristée ?

– Ah, Monsieur !

– Dites-moi si quelque chagrin demeure en vous par ma faute, je m'amenderai dès ce jour tant votre façon d'être inspire la bonté.

– Monsieur, vous ne m'avez causé aucun chagrin. Jugez plutôt de ce hasard, en ce vendredi 9 mai 1766… Celui qui subit aujourd'hui la décollation, par l'épée de Sanson, s'appelle Lally Tollendal… Votre père, Mahé…

– Mon père, Bertrand-François Mahé, comte de La Bourdonnais, oui, Monsieur, mon père fut sur les terres parcourues par Lally Tollendal, aux Indes, hélas, deux fois hélas. L'une pour mon père, qui en est mort, l'autre pour Tollendal, qui en meurt. Mais, dites-moi, Monsieur, possédez-vous quelque lien de parenté avec le supplicié ?

– Quelque lien, oui, mais point de parentèle dans notre histoire. Je suis né à Pondichéry, en 1745. Nous y vivions heureux et riches jusqu'à l'arrivée de cet entêté de Lally Tollendal, en 1758. Il remplaçait Joseph François Dupleix, gouverneur général des Établissements français de l'Inde.

– Joseph François Dupleix…

– Mon grand-père par alliance, il avait épousé ma grand-mère maternelle, devenue veuve.

– Vous êtes le petit-fils de Dupleix, moi le fils de Mahé… Nous devrions déjà avoir tiré nos épées et nous être embrochés si le feu de leur sang avait continué à croître en nos veines. Mais tout s'apaise, vous le voyez… J'en veux pour preuve mon pied et votre chiquenaude, ce sont de malicieux petits signes que nous envoient d'outre-tombe nos parents disparus…

– Mon grand-père mort en 1763, ruiné…

– Le dernier soupir de mon père, après trois ans de Bastille, voilà treize ans, en 1753…

– Dupleix, gouverneur de l'Inde…

– Mahé, gouverneur des Mascareignes, l'île Bourbon, l'île de France, Rodrigues, ces voisines de la grande Madagascar…

– Le rêve de mon grand-père, Dupleix, c'était de conquérir là-bas d'immenses territoires qu'il donnerait à la France. L'Empire moghol partait en miettes et les petits nababs de ces miettes se harcelant, il était facile de leur prêter de la poudre, des canons, du savoir-faire et des capitaines pour les aider à vaincre, à enfler leurs possessions qui passaient ensuite sous la protection intéressée de mon grand-père…

– Mon père, corsaire dans l'âme, nomade des mers…

– Votre père, nomade, mon grand-père, sédentaire, pouvaient-ils s'entendre ?

– C'était, renaissante, la jalousie de Caïn contre Abel.

– Caïn en Dupleix, et en Abel, Mahé.

– Et en Adam, le roi…

– Qui tient de Dieu son être, son pouvoir et sa vie…

– Sourions de tout cela, Monsieur, l'heure est grave, et pourtant nos cœurs sont légers.

– Oui, sourions, Monsieur, Lally Tollendal va monter sur l'échafaud.

– Nomade, disais-je de mon père, mais il ne le fut point toujours. Bien sûr, la mer, pour lui, c'était son sang, la vague son cœur battant, la terre qui se dessine à l'horizon un heureux accident de parcours, prévu pour transformer le prochain départ en délices.

– Un Breton !

– De Saint-Malo. Le petit Bertrand-François Mahé de la Bourdonnais, embarqué à dix ans ! Direction les mers du Sud. À quatorze ans, enseigne de vaisseau vers les Philippines. À dix-huit ans, le voici lieutenant pour la Compagnie française des Indes orientales, cette compagnie née voilà cent ans, sous Colbert, vous le savez, bien sûr, Monsieur, presque morte sous le Régent avec l'escroc Law, ressuscitée avec votre grand-père, et menacée par les Anglais, toujours, partout… Mon père la sert avec fougue, puis travaille pour son compte dans la mer des Indes. Il s'enrichit, revient en France, tâte un peu de la vie facile des fortunés, ne peut la supporter. Le roi le connaît, lui donne sa confiance et, en accord avec la Compagnie, lui offre le gouvernement général des îles de France et de Bourbon, en 1733.

– Dupleix, mon grand-père, vit en Inde, à Pondichéry, où il commerce avec la Chine, avec tout ce qui peut lui rapporter de quoi accroître sa fortune. En 1731, il quitte Pondichéry pour Chandernagor, dans le riche Bengale, au nord-est de l'Inde. Le Bengale, c'est le musc et le riz, l'opium et le safran, la gomme et le gingembre, le camphre, l'indigo, le sucre, les soies, les cotonnades, les pierres précieuses, les mousselines. Mais Chandernagor est mal administré. Mon grand-père y fait construire des bateaux, trace de nouvelles routes maritimes, organise si bien le commerce que sa réputation lui vaut, en 1742, sa nomination de gouverneur général des Établissements français de l'Inde.

– Mon père et votre grand-père se connaissent bien avant cette nomination…

– Oui, ils s'étaient rencontrés, je crois, lors d'un voyage d'agrément à Madras, en 1728. Un chien et un chat ! Seules les convenances leur avaient évité de sortir griffes et crocs. Et toujours, entre eux, ce fut ainsi ! Le chien gardien des terres, et le chat vagabond magnifique. Mais allez donc les comprendre, ils s'associaient quelques mois plus tard pour tirer du zinc de Moka, au Yémen, tout le profit qu'ils partagèrent ensuite.

– Que fait donc Sanson, sur l'échafaud ?

– Il affûte encore l'épée large à bout rond qui va couper le cou de Lally Tollendal. Sanson père souffre du côté droit, il ne pourra pas officier aujourd'hui. On peut souhaiter que Charles-Henri, son fils, s'acquitte comme il faut de sa tâche…

– Attendons… Mahé, mon père, disais-je, fut nommé gouverneur des îles de France et de Bourbon. Ces deux îles furent métamorphosées en dix ans : des ports, des entrepôts, des cultures pour éviter les famines, pour ravitailler les bateaux de la Compagnie, l'implantation de la canne à sucre, du café. Dans l'île de France, il fait bâtir à Port-Louis des chantiers de carénage, exploitant le bois abondant. Il ordonne que les Noirs venus d'Afrique soient traités correctement, et permet à certains de devenir de bons marins ! Il importe des volailles, des animaux de consommation… Et tout cela rend l'île laborieuse, industrieuse. Et lui, marié, vit heureux dans son immense demeure de Pamplemousse avec Anne Lebrun de la Franquerie, épousée à Paramé en 1733, près de Saint-Malo. Elle lui a donné là-bas deux fils, François-Gilles, en 1736, et Louis-Philibert, en 1737. Elle attend leur troisième enfant en 1738, lorsque le 16 février François-Gilles meurt. Que de larmes versent les pauvres parents, sous l'azur radieux de cette île où germent les rêves du bonheur ! Le 9 mai suivant, Anne met au monde un garçon qui ne vit que quelques jours. Elle le suit dans la mort une semaine plus tard. Imaginez le désespoir de cet homme pourtant frotté aux malheurs des guerres ! Contre celle-ci, il fut seul, vaincu et menacé de sombres idées. Mais deux ans plus tard, en 1740, il épouse à Paris celle qui devint ma mère, Charlotte de Combeau d'Auteuil…

– Dans le même temps, à Pondichéry, ma grand-mère Jeanne Albert, veuve, épousait Joseph François Dupleix, qui venait de recevoir la confirmation de sa nomination au poste de gouverneur de l'Inde française. C'était une femme mystérieuse, fort belle, élégante, toujours vêtue à l'orientale, au lent parler plein d'harmonies, au regard sensuel pour autant que je pusse le ressentir ainsi du haut de mes sept ans, puisqu'elle mourut lorsque j'avais cet âge. Elle possédait une fortune considérable, parlait douze langues, s'était faite l'amie de tous les nababs, les rajahs de l'Inde. Et mon grand-père, devenu son époux, n'eut qu'une idée en tête, être digne d'elle, briller encore davantage par ses qualités d'organisateur, de guerrier et de commerçant.

– Voyons où en est Lally…

– Il parle avec son confesseur.

– Et Sanson père et fils ?

– Ils ajustent le billot…

– L'âme de Lally s'apprête à paraître devant Dieu…

– Souhaitons, Monsieur, que Dieu soit au fait de l'histoire de la France et de celle de l'Inde, et qu'il en connaisse dans le détail le développement sur les dix années passées…

– Il nous reste du temps, Monsieur, pour parler de Madras…

– Ah ! Madras, en 1746, l'affaire…

– Oui, Monsieur, l'affaire qui brouilla mon père et votre grand-père…

– Pensez-vous qu'ils avaient besoin de Madras pour se brouiller ?

– Bien sûr que non, ils l'étaient déjà suffisamment, mais Madras leur a permis d'afficher au grand jour leur inimitié…

– Vous voulez parler des quinze coups de canon ordonnés par mon grand-père à l'arrivée de votre père, au lieu des vingt et un réservés aux personnages de marque ? Vous voulez remettre en mémoire que Dupleix ne vint pas accueillir Mahé sur le rivage, mais se contenta de l'attendre dans sa résidence, avec une nonchalance affichée, feignant la surprise à son arrivée ? Tout cela est vrai et ne faisait qu'inaugurer le grand drame de la perte des Indes !

– Tous les deux étaient au sommet de leur gloire.

– Dupleix ne supportait pas que l'on s'immisçât dans ses affaires…

– Mais il avait besoin de Mahé, le seigneur des mers…

– Madras, ce port à cinquante lieues au nord de Pondichéry, sur la côte est de l'Inde, ce port occupé par les Anglais, ce port convoité par Dupleix depuis plusieurs années afin d'écarter des riches côtes l'Angleterre prédatrice…

– Mahé, mon père, arrive face à Madras avec ses navires, fait tirer le canon sur la ville blanche, protégée de remparts et de portes, avec ses mille petits commerçants arméniens, indiens de toutes sortes, anglais… Ses hommes s'apprêtent à quitter le bateau pour envahir la cité, mais une délégation anglaise apparaît et propose une négociation.

– La voici, la pomme de discorde, la voici, la cassure…

– Pourtant, votre grand-père, Dupleix, est ravi de la conquête de Madras. Il fait même chanter un *Te deum* à Pondichéry ! Il envoie un message débordant d'éloges à mon père ! Mais il n'apprendra que plusieurs jours plus tard ce qui s'est passé…

– Sanson va bientôt accomplir sa besogne, les tambours se préparent…

– Si nous interrompons notre échange, faire silence nous permettra sans doute d'entendre ce petit bruit mat de la tête qui tombe sur l'échafaud,

– Vous semblez attendre cet instant comme une joie interdite.

– Et vous… les mânes de votre grand-père étincellent dans vos yeux…

– Je ne puis plus vous le cacher, Monsieur, mon rôle d'avocat s'est exercé auprès du roi, avec beaucoup d'autres qui y ont intérêt, pour obtenir la tête de Lally Tollendal, et si je suis ici, habillé de sorte que l'on ne me reconnaisse pas, c'est que je veux voir rouler le chef de cet homme dont la stupidité prive la France de tout un continent !

– Vous avouerai-je, Monsieur, que votre visage ne m'est pas inconnu. Je suis lieutenant des chasses du roi, et je pense vous avoir croisé à la cour. Moi aussi, je me dissimule sous une mise ordinaire. Croyez-vous que l'on nous reconnaisse ?

– Maintenant que nous nous sommes présentés, peut-être… Mais quelle importance… Encore un peu de temps… Madras !

– La ville conquise, que fait mon père lors des négociations ? Il décide, seul, d'exiger une rançon que paieront les Anglais et tous les marchands qui leur sont assujettis. Une rançon énorme. Et puis il promet de leur rendre leur ville dès le paiement effectué. Il donne sa parole. Et tout cela sans en référer à votre grand-père ! Il agit seul, comme le vrai corsaire qu'il a toujours été, fidèle à son roi, à sa Compagnie ! Pour mon père, il était plus important de tirer de sa conquête des espèces sonnantes et trébuchantes, des bijoux, des pierreries, des diamants, plutôt que de s'encombrer d'une ville et de ses territoires environnants, difficiles à gouverner, toujours la cible possible de quelque nabab, d'un rajah…

– Et pour mon grand-père, la ville de Madras entrait dans sa politique d'expansion territoriale. Avec le chef de ses troupes terrestres, Charles-Joseph Patissier de Bussy, il était non seulement maître des côtes, mais aussi de tout le plateau du Dekkan. Et cela, vous le savez, c'est la moitié sud de l'Inde. Une patiente agglomération des territoires de petits princes, par la diplomatie, par l'échange, par la ruse, par la souplesse des relations, par l'assimilation de leur mode de vie, par la pratique de leur langue, et en cela, Bussy et ma grand-mère jouèrent les premiers rôles…

– Et votre grand-père ne supporte pas les décisions de mon père, son indépendance. Alors, il envoie à la Compagnie et au roi des mémoires où il l'accuse de trahison, et plus encore ! Il révèle que la négociation comportait un dessous-de-table, allant dans la seule bourse de Mahé, ce qui était faux ! Amer, au désespoir, mais résolu à poursuivre son rôle de gouverneur des Mascareignes, Mahé retrouve Port-Louis, où il apprend qu'il est déchu de ses fonctions, sur l'ordre du roi ! Après quelques péripéties, il se retrouve en France, bien décidé à faire éclater la vérité. Mais, pour seule récompense, il reçoit une lettre de cachet pour la Bastille, où il est emprisonné…

– Et mon grand-père continue à l'accuser…

– Jusqu'au moment où la Compagnie des Indes françaises commence à trouver que le gouverneur des Indes pratique une politique territoriale bien coûteuse, et qui ne rapporte guère de dividendes aux actionnaires.

– Mon grand-père ne tient pas compte de cet avertissement…

– Mon père, du fond de sa geôle, privé de papier, de plume et d'encre, a réussi à rédiger avec une pièce de métal pliée trempée dans du marc de café sur des mouchoirs gommés à l'eau de riz un mémoire le disculpant, où figurent cartes, commentaires et comptes. Ce mémoire parvient au roi, qui le libère en 1751. Trop tard. Les conditions de sa détention l'ont rendu si malade qu'il va expirer en 1753.

– Ce mémoire pèse lourd… D'un trait de plume, les actionnaires pressés, irrités de débourser pour l'entretien des installations et de l'armée d'Inde, raient le nom de Dupleix, en 1754, et le remplacent par un administrateur provisoire qui va, comme un aveugle dans un magasin de porcelaine, commencer à briser tout ce qui avait été bâti par Dupleix, par les Français depuis trente ans. Les Anglais n'en croient pas leurs yeux ! La France et la Compagnie des Indes commencent à leur livrer toutes leurs richesses, sans s'en rendre compte ! Tant de bêtise… Nous sommes revenus en France. Du bateau, à Lorient, ont débarqué nos animaux : deux chameaux, quatre ânes et trois chevaux, cinq singes, dix chats et douze cages d'oiseaux. Il y avait aussi toute notre famille, et ses vingt-deux musiciens, ses valets de chambre, ses cuisiniers, ses serviteurs indigènes… À Paris, mon grand-père a tenté de récupérer auprès de la Compagnie les dizaines de millions qu'il estimait lui être dus. Mais il n'a rien obtenu, et tout son patrimoine a été vendu, de sorte que, lorsqu'il est mort, il était ruiné !

– À mon père non plus, il n'est rien resté !

– Peut-être que le pire dans notre histoire, c'est celui qui vient de poser le col sur le billot, Lally Tollendal…

– Lally Tollendal, qui ne connaît que la force, la brutalité, le canon et l'épée, envoyé en Inde, où tout se passe de façon assez souple pour que chacun y trouve son compte… Il fallait être ennemi dans son propre camp pour décider cela ! Et pourtant, c'est ce qui fut fait avec l'appui de la marquise de Pompadour…

– Profitons, Monsieur, profitons du spectacle… Le fils Sanson s'est emparé de son épée…

– Lally Tollendal, cette brute, arrive en Inde en 1758. Il en appelle les habitants des "sauvages". Il ne leur parle pas, juge avec mépris tous ceux qui l'approchent. Tout ce qu'il veut, c'est vaincre les Anglais, partout où ils se trouvent et surtout à Madras, sans écouter quelque avis que ce soit. Le pauvre Bussy est obligé d'exécuter des ordres dont il sait qu'ils vont conduire au désastre... Bussy, nommé à la place de Lally, eût sauvé l'affaire, et donné l'Inde tout entière à la France ! Voici l'armée devant Madras en 1759. Lally bombarde, épuise ses munitions sans aucun résultat, fait le siège de la ville pendant deux mois, doit battre en retraite, avec ses soldats malades. Il regagne Pondichéry, où il s'enferme. Quinze mille Anglais arrivent par la mer, encerclent et assiègent la ville où il n'a plus que mille soldats vaillants. Le 14 janvier 1761, il capitule. Il est emmené à Madras, puis en Angleterre, demande à revenir en France pour se défendre. La Bastille l'attend.

– J'ai tout fait, Monsieur, auprès des tribunaux, j'ai tout fait pour venger mon grand-père, et votre père, ces deux malchanceux de l'Inde...

– Ah ! mon Dieu !...

– Oh...

– L'épée... L'épée... Elle a volé d'une toise... Sur le côté... Lally Tollendal est tombé, la mâchoire fracassée, vivant, la face vers son bourreau, les yeux fous... Face en sang, il a poussé un cri, horreur...

– Le vieux Sanson se lève, reprend l'épée...

– Il pousse avec violence son fils Charles-Henri... Il lève bien haut la lame. Les aides ont replacé Lally sur le billot,

– Sa tête vient de tomber !

– Mon père, votre grand-père... Vengés !

– Une idée vient à mon esprit, Monsieur... Allons au café de la Régence, et demandons là-bas de l'encre et du papier. Vous savez que l'un des grands actionnaires de la

Compagnie des Indes orientales s'appelle Voltaire. Il vit à Ferney, près de la frontière suisse, après tous les démêlés qu'il a subis en France, en Prusse… Écrivons-lui de concert notre pensée sur Lally Tollendal, nos réflexions sur toute cette affaire. J'aimerais savoir comment sa philosophie débrouille cet écheveau, et s'il eût condamné Lally Tollendal…

– Votre idée me séduit. Mais Voltaire est un penseur en chambre. Et dans une chambre, Monsieur, peut-on faire entrer l'Inde, Madras et Pondichéry, les Mascareignes, la France et l'Angleterre, la bravoure et l'audace, le sacrifice, l'aventure et ses périls, les blessures reçues, le remords de l'épée, la désolation des villes en cendres, les tempêtes et les orages en mer, bref, la vie… ?

– Vous avez raison, Monsieur Voltaire ne peut donner qu'un avis d'arpenteur de lit. Ce genre d'homme ne fait ni ne défait le monde. C'est bien inoffensif, un écrivain. Jamais une plume ne changera le destin des hommes. »

15

Olympe à l'affiche

(1793)

« La voilà !

– Petite… Je l'imaginais longue, souple, avec une gorge…

– Crois-tu que la gorge et la taille font la femme ?

– Allons, non… Mais cela ne peut nuire, j'écoute plus volontiers une femme avenante qu'une de ces tricoteuses avinées payées pour hurler et cracher sur les condamnés qui montent à l'échafaud…

– Tu confonds le diamant et l'écrin, le sabre et le fourreau. Olympe, c'est le sabre des femmes, et le diamant de sa pensée brillera pendant des…

– Et les tricoteuses alors ? Des écrins vides et fripés ? Des fourreaux écaillés ? Tes images ont de ces périls… Un diamant, Olympe… Mais dis-moi, tu es amoureux ?

– Point du tout ! C'est son pas assuré, son regard fier qui me donnent de l'émotion. Tu le sais, l'enragé Fouquier-Tinville, l'accusateur public qui vient de se lever, a déjà préparé l'acte qui va envoyer Olympe à l'échafaud.

– Peut-être pas… Elle va se défendre ! Sais-tu ce que l'on a prétendu ? Elle serait la fille de Lefranc de Pompignan, cet enflé aux cent châteaux, ce poète qui écrit à genoux devant le tombeau de Jean-Baptiste Rousseau…

– Jean-Jacques…

– Non, Jean-Baptiste, le fils du cordonnier qui a renié son père. Jean-Baptiste Rousseau, exilé en Suisse à cause de sa plume assassine, mort en 1741. Pour lui Lefranc écrivait : « La France a perdu son Orphée ; / Muses, dans ces moments de deuil, / Élevez le pompeux trophée / Que vous demande son cercueil… » Grandiloquent, non ?

– Tu t'en moques et tu le connais par cœur !

– On n'est pas obligé de ne retenir que ce que l'on aime ! La mère d'Olympe aurait eu avec Lefranc, à seize ans, une belle histoire d'amour, mais les Lefranc ont éloigné leur fils…

– Olympe est debout. Ah ! que se taisent ces femmes qui hurlent sur elle !

– Payées comme les tricoteuses…

– Chut ! L'acte d'accusation vient d'être lu, dans un brouhaha…

– Il fallait s'y attendre. On lui reproche sa haine de Robespierre, des Montagnards et de la Terreur, on lui reproche surtout de coller sur les murs des affiches où elle dénonce les enragés, les profiteurs, les escroqueries aux idées. On ne lui pardonne pas celle qu'elle a fait placarder à des centaines d'exemplaires dans Paris : *Les Trois Urnes*.

– Que ne l'a-t-on suivie, son idée est bonne ! Chaque citoyen pouvait voter face à trois urnes représentant la forme du gouvernement qu'il voulait choisir : le gouvernement républicain, un et indivisible, le gouvernement fédératif ou le gouvernement monarchique. Voilà ce qu'est pour elle la liberté, celle du choix ! Ensuite, écrivait-elle sur cette affiche, « Les rebelles se dissiperont ; les Puissances ennemies demanderont la paix ; et l'Univers, aussi surpris d'admiration qu'il est attentif depuis longtemps aux dissensions de la France, s'écriera : Les Français sont invincibles ! »

– Quelle rêverie ! Aussi grandiloquente que son présumé père...

– Quel rêve, veux-tu dire ! Imagine qu'un jour chacun puisse choisir ainsi ceux qui le gouverneront...

– J'imagine cela, oui, autant que j'imagine qu'un jour les femmes que défend ton Olympe seront libres de décider de leur sort, de choisir leur fonction dans la société, de sortir de leur ménage pour siéger à l'Assemblée, de diriger des fabriques, et même d'occuper dans un tribunal la place de juge ou d'avocat... Tu m'amuses, et le sort de ton Olympe dit assez combien ces voies ne possèdent pas d'issue dans la société des hommes.

– Le sort d'Olympe... c'est le prix de son audace ! Voici deux ans, elle placardait *La Déclaration des droits de la femme et de la citoyenne* ! Voilà de la belle témérité ! Et même si elle y laisse sa vie, elle aura ouvert la voie en écrivant cet article 1 : « La Femme naît libre et demeure égale à l'homme en droits. Les distinctions sociales ne peuvent être fondées que sur l'utilité commune. »

– En écrivant l'article 7, elle tentait le diable : « Nulle femme n'est exceptée ; elle est accusée, arrêtée, et détenue dans les cas déterminés par la loi : les femmes obéissent comme les hommes à cette loi rigoureuse. » Et avec l'article 10, elle s'invite chez la Veuve dès ce soir : « La femme a le droit de monter sur l'échafaud ; elle doit avoir également celui de monter à la Tribune. » Elle a été accusée, arrêtée, détenue comme les hommes, et comme les hommes, elle va…

– Écoute… Chut… Elle demande la parole…

– Fouquier-Tinville refuse… ce n'est pas encore terminé. Va-t-il être question de ses écrits ?

– Ses pièces, sans doute, celles qu'elle a envoyées à la Comédie-Française, toujours refusées…

– Et pourquoi ?

– Un seul de ses titres te donne la réponse : *L'Esclavage des nègres, ou l'Heureux Naufrage*. Là-bas, dans les îles, le fouet lacère la chair des esclaves, et leur sang nourrit les actionnaires des colonies. Une femme, défendre ce bétail qui coupe la canne ? Et pourtant, elle l'écrit, ce drame…

– Elle l'écrit, oui, mais à ce que l'on dit, il faut avoir de bonnes lunettes pour la lire tant ses mots se tiennent par la main dans la ligne, point d'orthographe, des sons…

– Entre le sort des nègres et l'orthographe, tu choisirais l'orthographe, tu ne vaux pas mieux que…

– Calme, calme… Je disais cela parce que l'on me l'a rapporté, tout comme on m'a dit aussi que, venue de Montauban, où elle est née, elle parlait si peu notre français de Paris que l'on ne comprenait rien à ce qu'elle disait…

– Ton calendrier retarde, c'était vrai voilà quinze ans… On a pourtant compris, depuis, qu'elle voulait créer des maisons hospitalières pour les femmes en couches, des hospices pour les mendiants, distribuer les terres non cultivées aux paysans, créer un impôt sur le luxe et constituer une réserve d'argent pour aider les femmes veuves, les orphelins et les vieillards, les mères célibataires, inventer un mariage civil qui permettrait à chaque conjoint d'autres amours, obtenir le droit au divorce, supprimer la peine de mort…

– Ah, ah…

– Était-ce nécessaire, cette ironie ?

– Pardon !

– Chuuut ! Elle va parler… Non, c'est Fouquier-Tinville qui va lire le verdict du tribunal… La mort ! Olympe, Olympe… Elle va tout à l'heure monter dans la charrette, longer la Seine, grimper les marches de l'échafaud… Ah ! Sanson, Charles-Henri Sanson, bourreau ponctuel à ton ouvrage, un soir d'ivresse, tu as lâché : « Si ceux que je raccourcis criaient comme des veaux, comme des cochons ou des agneaux qu'on saigne, la guillotine, ma veuve, ne tiendrait pas deux jours sur la place… » Et tous, tous ceux qui grimpent l'escalier mettent leur point d'honneur à ne pas ciller devant la mort… Peut-être qu'au fond d'eux mêmes, finalement, ils la désirent ? Est-ce que le vertige de n'être plus se transforme en ultime volupté, portée au centuple par la certitude de l'éternité ?

– Les cris des tricoteuses effacent les faiblesses…

– Petite femme brune au franc sourire de soleil, rayon du Midi, Olympe, ta vie…

– La mort ? Peut-être pas… Olympe parle… Écoutons… “Mes ennemis n'auront point la gloire de voir couler mon sang. Je suis enceinte et donnerai à la République un citoyen ou une citoyenne…" On n'exécute pas une femme enceinte ! Elle est sauvée, ton Olympe, sauvée…

– Les médecins vont l'examiner… Demain, elle saura… Nous sommes le 2 novembre 1793. On l'emmène dans sa cellule, le tribunal se vide… »

*

* *

« Étiez-vous ce matin au tribunal ? Je n'en ai pas eu le courage…

– Fouquier-Tinville…

– Oui, qu'a-t-il décidé ?

– Il a invoqué le règlement…

– Le règlement qui interdit qu'une femme enceinte soit décapitée ?…

– Le règlement de la prison où Olympe était détenue…

– Et alors ?

– Alors, il a dit qu'il n'existait aucune communication à l'intérieur et à l'extérieur de cette prison entre les hommes et les femmes détenus, et qu'il ne voyait pas comment un enfant aurait pu être engendré…

– Pourtant, la taille d'Olympe, hier…

– Fouquier-Tinville a sans doute reçu des ordres…

– Olympe ?…

– Elle sera exécutée tout à l'heure…

– … »

*

* *

Postambule de la Déclaration des droits de la femme et de la citoyenne

Femme, réveille-toi ; le tocsin de la raison se fait entendre dans tout l'univers ; reconnais tes droits. Le puissant empire de la nature n'est plus environné de préjugés, de fanatisme, de superstition et de mensonges. Le flambeau de la vérité a dissipé tous les nuages de la sottise et de l'usurpation. L'homme esclave a multiplié ses forces, a eu besoin de recourir aux tiennes pour briser ses fers. Devenu libre, il est devenu injuste envers sa compagne. Ô femmes ! Femmes, quand cesserez-vous d'être aveugles ?

Olympe de Gouges

16

Nicolas de Chamfort, raté !

(3 avril 1794)

On ne le dira jamais assez : les armes des écrivains, ce sont les mots. Qu'ils s'en tiennent à cela. Lorsqu'ils tâtent d'un pistolet ou d'une dague, ils croient encore tenir la plume. Leurs gestes alors miment la pensée qui hésite entre des termes parents. Le coup part au hasard, la lame plonge à l'aveugle, la mort devient brouillonne et capricieuse, se fait attendre avec des coquetteries de courtisane, des semaines parfois. Je veux parler de celle de mon maître, Nicolas de Chamfort.

Vous dire d'abord qui il était : non point, comme on l'a prétendu, le fils de François Nicolas, épicier à Clermont, et de Thérèse, sa femme, née Creuzet. Ces deux-là furent bien père et mère. Hélas, leur enfant porté à terme naquit mort-né. Et le jour de ce drame, une noble femme, Jacqueline Cisternes de Vinzelles, devenue par son mariage une Montrodeix, accouchait d'un beau garçon, au premier cri vaillant, signe d'un destin fort dans le parage des puissants.

Cependant, dame Jacqueline fut en larmes pendant des jours, car on lui enleva le nouveau-né. Le père de cet enfant ? me demanderez-vous. Eh bien, en confidence, imaginez sous les voûtes les plus ombreuses de la cathédrale Notre-Dame, à Clermont, la jeune et gracieuse Jacqueline allant de conserve vers le confessionnal avec son chanoine, très bel homme, jeune, taillé comme un guerrier prêt au combat. Un chanoine nommé Pierre Nicolas, frère de François, l'épicier.

Et la robe légère frôle la soutane. Pas une âme dans le soir qui tombe. L'obscurité fait le reste. On entend par sarabandes des soupirs endiablés que couronne la pointe aiguë de cris plus fins que la musique des anges. Et voici qu'à la fin de ce combat étrange et divin le chanoine est père. Pendant des jours, ses prérogatives d'amant porteront à l'exultation dame Jacqueline, toujours près du même pilier, dans la même cathédrale, à deux pas du confessionnal. Cela se sait. On le tait. L'enfant vivant remplace l'enfant mort chez la femme Thérèse et son mari, François Nicolas.

On prénomme l'enfant Sébastien-Roch. Il grandit, brille dans l'étude du latin et du grec, s'égare en quelques fredaines où, visitant des femmes de hasard, il se met par tout le corps le mal de Naples. Alors, son cerveau commence à longer des berges de tristesse où la tentation de glisser dans l'oubli devient quotidienne.

Pour s'étourdir, il s'établit dans les lettres à Paris. Il divertit les salons, brille par de bons mots, ajuste artistement en des phrases bien senties ses observations sur les êtres, l'amour et la vie, raconte cent et mille anecdotes. Le prince de Condé le prend comme secrétaire ; en même temps, il entre en franc-maçonnerie et à l'Académie française. Quelle différence entre les deux ? Je ne saurais vous répondre… Puis c'est madame Élisabeth, la sœur du roi Louis XVI, qui l'appelle auprès d'elle. Il change son nom en celui-ci : Nicolas de Chamfort. Quelle belle vie, m'a-t-il raconté, et ses lèvres sensuelles, dans le silence de son sourire, suggéraient bien des choses au sujet de certaines femmes !

Soudain, obéissant aux aristocrates qui rêvent de prendre pour servante une docile république, la Révolution se cabre dans Paris, se répand en ruades dans le pays entier. Mon maître Nicolas jubile. Sa verve bouillonne. Mirabeau sait tonner dans les assemblées, mais l'habileté du discours lui manque. « Chamfort, crie-t-il, j'aurais besoin… » Et Chamfort écrit les envolées homériques de Mirabeau, l'orateur du peuple !

Le tiers état veut frapper fort, par les mots d'abord avant de donner à la populace des épées et des fourches. Sieyès, député de la ville de Paris, a approché mon maître pour trouver des phrases en fer de lance qui entreraient au cœur du combat. Le tiers état, ce sont les bourgeois, les artisans riches, les nantis sans titre, les jaloux de la noblesse, le tiers état, ce ne sont pas les pauvres en guenilles, le bas peuple, les « sans-nom ».

Et pourtant, Chamfort va trouver le moyen d'englober tout cela en trois questions et trois réponses, afin de jeter à la face des nobles et de l'histoire un cri en apparence si juste que l'on en oublie la facture malhonnête, la ligne falsifiée : « Qu'est-ce que le tiers état ? – Tout ! » « Qu'a-t-il été jusqu'à présent dans l'ordre politique ? – Rien » « Que demande-t-il ? – À y devenir quelque chose ! ». Le tiers état : « Tout ! » À d'autres, ce mensonge bien habillé…

C'est lui aussi, mon maître, qui forge cette antithèse gravée en lettres d'or sur les étendards de la révolution des sans-culottes : « Guerre aux châteaux, paix aux chaumières. » Une vedette des révoltés, mon maître, jusqu'au 13 juillet 1793 : « Jean-Paul Marat, l'aboyeur de l'horreur, le buveur de sang, le renégat de la fraternité est mort de la main d'une Normande, Charlotte Corday ! » Ah, mais non, Chamfort ! Point de telles déclarations dans le fleuve de férocité qui emporte le pays vers une autre ère. Allons, Nicolas de Chamfort, en prison, aux Madelonnettes, sous la houlette du commissaire Mariano et de Vaubertrand, le concierge !

L'ordure des détenus qui se soulagent, la paille devenue fumier, la suffocation, la fièvre des malades de petite vérole, les cadavres ici et là… Non ! Mon maître libéré deux jours plus tard ne se défait pas du cauchemar vécu et jure qu'il se tuera plutôt que de retourner dans cet enfer putride.

Le 14 novembre 1793, on lui dit un matin : « Bientôt, de nouveau, les Madelonnettes, vous êtes trop enragé contre la Terreur… »

L'après-midi, alors que je remise du bois dans les communs, j'entends une explosion, un « boum » qui heurte ma poitrine comme un coup de poing de géant. Je m'en vais sur la route toute proche, perplexe, continue mon travail. Une heure passe. Soudain, l'idée me traverse l'esprit : si c'était…

Je cours jusqu'au bureau de mon maître. Il est au sol, le pistolet près de sa tête. Son nez, son œil gauche ont été arrachés. Il tient dans sa main droite un rasoir dont il s'est entaillé la gorge et les jarrets, il en a fouillé sa poitrine, je marche dans son sang, je glisse et tombe, mon visage tout près de son visage… Horreur. Chamfort, mon maître, vit encore. Son corps, couvert des dartres que le mal de Naples lui inflige, semble de vieil ivoire. On le relève, on le soigne, il geint, il se remet, c'est un monstre pitoyable que je sers pendant cinq mois. Il a tant dépéri au fil des semaines qu'il est mort hier soir, 13 avril 1794.

Ce matin, j'attends l'embaumeur. Enfin la paix dans la maison. Le soleil, qui se moque bien de tous les charivaris sanglants du peuple, paresse sur les lattes du plancher de chêne. Place de la Révolution, Sanson a déjà commencé les exécutions. Moi, dans le bureau de mon maître Nicolas de Chamfort, je rassemble les feuilles qu'il a noircies de son écriture nerveuse, le sang de sa colère contre le monde, contre les femmes, contre l'amour, contre lui-même, mais aussi de ces petites histoires que l'on lira longtemps avec le sourire qui lui manquait ; et je lis, entre deux regards vers la grande allée où bientôt surgira l'artiste de la mort :

L'opinion est la reine du monde, parce que la sottise est la reine des sots.

Il y a des hommes qui ont le besoin de primer, de s'élever au-dessus des autres, à quelque prix que ce puisse être. Tout leur est égal, pourvu qu'ils soient en évidence sur des tréteaux de charlatan ; sur un théâtre, un trône, un échafaud, ils seront toujours bien, s'ils attirent les yeux.

Les fléaux physiques, et les calamités de la nature humaine ont rendu la Société nécessaire. La Société a ajouté aux malheurs de la Nature. Les inconvénients de la Société ont amené la nécessité du gouvernement, et le gouvernement ajoute aux malheurs de la Société. Voilà l'histoire de la nature humaine.

Il y a des siècles où l'opinion publique est la plus mauvaise des opinions.

Vivre est une maladie dont le sommeil nous soulage toutes les seize heures. C'est un palliatif. La Mort est le remède.

Un homme amoureux est un homme qui veut être plus aimable qu'il ne peut ; et voilà pourquoi presque tous les amoureux sont ridicules.

Ôtez l'amour-propre de l'amour, il en reste trop peu de chose. Une fois purgé de vanité, c'est un convalescent affaibli, qui peut à peine se traîner.

Enfin, celle-ci, qui me renvoie à l'instant même à mon travail sans fin :

Robinson dans son île, privé de tout, et forcé aux plus pénibles travaux pour assurer sa subsistance journalière, supporte la vie, et même goûte, de son aveu, plusieurs moments de bonheur. Supposez qu'il soit dans une île enchantée, pourvue de tout ce qui est agréable à la vie, peut-être le désœuvrement lui eût-il rendu l'existence insupportable.

On faisait une quête à l'Académie française ; il manquait un écu de six francs ou un louis d'or. Un des membres, connu par son avarice, fut soupçonné de n'avoir pas contribué ; il soutint qu'il avait mis ; celui qui faisait la collecte dit : « Je ne l'ai pas vu ; mais je le crois. » M. de Fontenelle termina la discussion en disant : « Je l'ai vu, moi ; mais je ne le crois pas. »

Au ton qui règne depuis dix ans dans la littérature, disait M. …, la célébrité littéraire me paraît une espèce de diffamation qui n'a pas encore tout à fait autant de mauvais effets que le carcan ; mais cela viendra.

M. de Malesherbes disait à M. de Maurepas qu'il fallait engager le roi à aller voir la Bastille. « Il faut bien s'en garder, lui répondit M. de Maurepas ; il ne voudrait plus y faire mettre personne. »

Pendant un siège, un porteur d'eau criait dans la ville : « À six sous la voie d'eau ! » Une bombe vient et emporte un de ses seaux : « À douze sous le seau d'eau ! » s'écrie le porteur sans s'étonner.

17

Cécile Renault, dix-neuf ans…

(17 juin 1794)

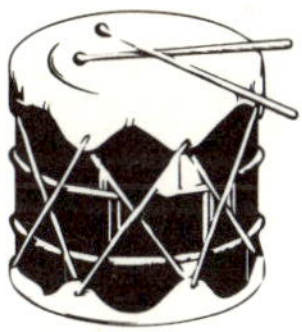

« Onze, douze…

– En êtes-vous sûr, Antoine ?

– Oui, mon cher Jean, il y en a douze ! Douze charrettes… Pauvres femmes, pauvres hommes, et tous habillés de cette tunique rouge, quel étrange cortège…

– Certes, Antoine, pauvres d'eux, mais pour Ladmirat…

– On a dit tant de choses sur Ladmirat…

– Il l'a mérité, Antoine mon ami, il l'a mérité ! C'est un grincheux, un atrabilaire, un comploteur…

– Vous voyez des complots partout !

– Mais enfin, ce Ladmirat a quand même déchargé ses pistolets sur Collot d'Herbois, l'ami de Robespierre !

– Oui… Et Collot d'Herbois est mort ?

– Non, heureusement, parce qu'un serrurier qui était là s'est élancé aux cris de Collot, et il lui a fait un rempart de son corps…

– Et le serrurier est mort ?

– Non, Antoine, non, mais tout de même.

– Moi, on m'a dit que c'était un policier, un certain Geoffroy, qui avait fait de son corps un rempart pour Collot, et qu'il avait été blessé, évacué vers l'hôpital.

– Vous êtes bien trop sceptique, et soupçonneux de tout propos…

– Certes, Jean, mais mon marchand de vin a été le témoin direct de tout cela, et même de toute l'affaire…

– Alors ?

– Alors il se trouve que Ladmirat, ancien domestique devenu lettré, a perdu son poste à la Loterie royale, qui a disparu en 1793. Et depuis, il ne cherche qu'à se venger ! Il a perdu sa femme, qu'il battait comme plâtre, peut-être même que c'est lui qui l'a tuée. Enfin, on le dit…

– Aux faits, cher Antoine…

– Nous avons le temps, le cortège vient à peine de quitter la Conciergerie, douze charrettes, et nous marchons à leur allure. Ah ! Que de monde, quelle cohue, quels cris !… Donc Ladmirat veut se venger, et de la belle façon, en tuant Robespierre. Notre homme a loué par hasard une pièce dans le fort bel immeuble où loge Collot d'Herbois. Notre homme boit, il est ivre tous les jours. Il clame à qui veut l'entendre qu'il va tuer l'Incorruptible ! Et cela vient aux oreilles de Collot…

– Collot, qui le fait arrêter, emprisonner…

– Point du tout : Collot d'Herbois et le député Barère en ont plus qu'assez de l'Incorruptible, de Robespierre ! Ils veulent sa chute…

– Dites donc, vous m'accusez de voir des complots partout, mais vous, qu'êtes-vous en train de m'exposer, sinon le récit d'un complot à votre sauce ?

– Sans doute, mais, moi, je connais les vrais complots…

– Vous me ferez toujours rire, Antoine, continuez, continuez quand même, c'est intéressant votre affaire…

– Notre homme, pour accomplir son forfait, a besoin d'un pistolet et de poudre. Savez-vous chez qui il va acheter tout cela ?

– Non…

– Eh bien, chez l'un des amis de Collot d'Herbois. Et cet ami fournit à Ladmirat de la poudre humide, des balles et deux pistolets quasi hors d'usage. Notre homme empoche tout cela, sûr de son affaire. Mais avant qu'il sorte, son vendeur lui demande ce qu'il veut faire, alors qu'il le sait fort bien pour l'avoir ouï dans les cafés. "Tuer Robespierre", dit Ladmirat. "Ce n'est pas Robespierre qu'il faut tuer, il n'est pour rien dans la perte de votre place à la Loterie. C'est Collot d'Herbois le coupable, c'est lui qu'il faut envoyer *ad patres*, avec les balles que je ne vous ai pas fait payer… – Collot ? C'est mon voisin ! Ah ! le scélérat ! Il sera mort demain !"

– Antoine, vous avez beaucoup d'imagination, je ne vous crois pas…

– Vous êtes libre de ne pas me croire, mais ce que je vous dis est vrai. Tout avait été préparé. Collot est rentré chez lui par l'escalier où on avait guidé Ladmirat. Les deux pistolets ont fait un long feu ridicule. Geoffroy a joué son rôle, se précipitant pour sauver Collot, et simulant une blessure. Ladmirat a été arrêté sur-le-champ et emprisonné. Fin du premier acte.

– Mais pour quel but, cette mise en scène, pourquoi ?

– Suivez-moi bien, nous sommes à la fin du premier acte…

– Ah ? Parce que votre délire continue ?

– Mon délire… Attention, ne nous approchons pas trop des charrettes… On va nous prendre pour des chineurs de condamnés… Écoutez-les : “Oh ! là, vous, la fille, vous, donnez-moi pour mon petit enfant votre fichu, vous n'en avez plus besoin…” “Vous, vous, monsieur, cédez-moi votre veste de drap, donnez-moi votre redingote, je suis pauvre, moi, elle vaut bien cent livres, vous n'en aurez plus besoin tout à l'heure…” Vautours, rats d'égout, immondes chacals…

– Antoine, peut-être devrions-nous parler moins, ou du moins parler moins fort, il y a là depuis tout à l'heure ces hommes à la mine inquiétante qui nous suivent, nous écoutent peut-être, des mouches du Comité, des espions…

– Soyez tranquille, regardez, nous passons devant l'église Saint-Paul, et ces hommes-là sont des prêtres réfractaires… Ils donnent discrètement l'absolution aux condamnés qui les reconnaissent à un signe convenu. S'ils se font prendre, ils sont morts. S'ils nous suivent, c'est peut-être pour être confondus avec des mouches.

– Ou ce sont de vraies mouches…

– Allons, Jean, quel poltron vous faites !

– Nous le saurons bientôt… J'attends votre deuxième acte…

– Eh bien, il se trouve que le jour même où Ladmirat tire sur Collot, le 22 mai 1794, une jeune fille quitte la fabrique de papier créée par son père sur l'île de la Cité. Elle a dix-neuf ans. Elle s'appelle Cécile Renault. Regardez, c'est elle, dans la troisième charrette, la voici… J'ai assisté au procès…

– Qu'a-t-elle fait ?

– Voici son crime : Cécile est ce que l'on pourrait appeler un « candide », une douce rêveuse, un esprit habité par des fées. Son père le sait, ne la laisse guère sortir de sa maison, sinon pour l'envoyer faire quelques emplettes.

– Simplette peut-être, mais jolie… Mon Dieu, elle va…

– Mourir, oui, tout à l'heure, à la barrière du Trône où la guillotine a été déplacée…

– Eh bien oui, mais pourquoi donc déplacée ? Est-ce dans votre plan de complot ? Vous m'amusez…

– Parlons de Cécile, Jean… Son père lui confie un paquet qu'elle doit emporter chez sa couturière, sur l'île Saint-Louis, vers laquelle elle se dirige d'abord. Puis, allez savoir pourquoi, elle oublie d'aller chez la couturière, s'arrête chez une marchande de babioles, s'achète un petit miroir, puis continue à marcher, au hasard, en revenant sur ses pas d'abord, avant d'obliquer légèrement à droite vers la rue Saint-Honoré…

– La rue où vit…

– Oui, la rue où vit l'Incorruptible, chez les menuisiers Duplay, il loge dans une petite chambre, on dirait qu'il a fait vœu de pauvreté, comme les moines ! C'est, à ce qu'il dit, parce qu'il est du peuple, qu'il ne vit que pour le peuple. Mais, mon cher Jean, le peuple, celui des faubourgs, le peuple aux mains calleuses, aux mâchoires édentées, le peuple au corps exténué de travail, aux muscles épuisés, le peuple qui souffre et pleure, il n'en connaît rien, notre petit député d'Arras ! Rien de rien, il n'en a qu'une image menteuse, comme peinte par un maître flamand, et il s'y accroche, ignorant que ceux qui sont envoyés à sa guillotine, ce sont pour grande partie des pauvres artisans, des ouvriers, et en bien plus grande quantité que des nobles que tout le monde voulait pendre !

– Vous en avez contre lui, cher Antoine…

– Je ne suis pas le seul ! Cécile, par le plus grand hasard, pénètre dans la cour de chez Duplay ! On l'arrête, on la met en prison, on l'interroge, on lui fait dire ce que l'on veut, on lui fait affirmer qu'elle voulait tuer Robespierre, et c'est d'autant plus facile que l'on a trouvé sur elle deux petits couteaux, qui ne feraient pas même de mal à un petit poulet, mais il faut que Cécile devienne aux yeux du peuple une Charlotte Corday ! Cécile n'y comprend rien. Elle avoue tout et n'importe quoi, elle signe d'une croix sa déposition, elle ne sait pas écrire.

– Qui sont tous ces autres avec elle dans les charrettes ? Bien sûr, il y a Ladmirat, mais ces autres femmes, ces hommes, cette si jeune fille qui pleure toutes les larmes de son corps…

– Vous le savez, il faut faire chuter Robespierre…

– Pas si fort, ils sont toujours là…

– Collot d'Herbois et Barère, le député qui a mis la Terreur à l'ordre du jour en septembre 1793, n'en peuvent plus de ce ratatiné de vertu qu'est Robespierre. Pour le renverser, il faut le rendre odieux au peuple, il faut lui mettre sur le dos des crimes abominables. Et vous en avez l'exemple devant vous… cinquante-quatre condamnés, cinquante-quatre innocents qui s'en vont revêtus de la tunique des assassins, cette idée ignoble vient de l'un des organisateurs de l'affaire. Et vous vous demandiez pourquoi la guillotine a été déplacée à la place du Trône ? Réfléchissez, Jean, le sinistre convoi que nous accompagnons, ces femmes au désespoir digne et qui n'ont déjà plus de nom, ces hommes pâles, défaits, mais courageux encore, tous ceux-là traversent les quartiers les plus pauvres, ceux où l'on recrute la colère, les massacreurs faciles, les foules de haine dévastatrice, c'est le faubourg Saint-Antoine qui a bâti la Révolution, qui l'a installée avec ses cris, ses piques, ses poignards, ses fourches et ses doloires ! Alors, Collot d'Herbois et Barère veulent que les Saint-Antoine balaient le petit député d'Arras ! Ils affirment que l'action de Ladmirat et celle de Cécile Renault sont un complot unique, organisé par l'Angleterre pour détruire les acquis de la Révolution et supprimer son chef, le créateur de l'Être suprême, Robespierre ! Il faut exciter le peuple, le pousser à l'action, il faut que la peur majeure s'installe partout, même à l'Assemblée…

– Ah, voilà donc pourquoi…

– Oui, voilà pourquoi Robespierre a commis l'erreur vers laquelle on l'a conduit : il a décidé d'instaurer, à partir du 10 juin, voilà une semaine, la Grande Terreur… Plus d'avocat pour les suspects qui ne peuvent répondre aux questions des juges que par “oui” ou “non”, c'est tout ! Chargeons encore la barque : seuls les témoins à charge, ceux qui viennent témoigner contre le suspect, seuls ceux-là sont entendus. La sentence ? La liberté ou la mort !

– Pauvre Cécile Renault ! A-t-elle compris ce qui lui arrive ? Mais, Antoine, vous qui savez tout et je me demande bien comment vous pouvez tout savoir, qui sont donc ces cinquante-deux autres qui accompagnent Cécile et Ladmirat ?

– Il y a le père et un frère de Cécile parce que, chez eux, on a trouvé un portrait de Louis XVI et de Marie-Antoinette. Il y a là-bas, dans la charrette qui cahote le plus, le nommé Pain d'Avoine, un brave homme qui a eu le tort de dîner avec Ladmirat quelques semaines avant son crime. Il y a une dame Lamartinière, qui retenait chez elle les meubles de Ladmirat… Beaucoup de ces gens-là ne se connaissent pas, mais leurs routes se sont croisées, et cela a suffi à leur arrestation ! Collot et Barère conduisent une action spectaculaire pour impressionner le peuple et le faire agir !

– Imaginez, cher Antoine, imaginez les générations futures qui découvriront ces journées de démence ! Que pensera-t-on de cette époque où nous vivons ? Nous traitera-t-on tous de chiens, de hyènes, de pire encore, ce peuple dont Collot espère le soulèvement, regardez-le qui tire presque de force les chaussures des condamnés dans la charrette. Et pourtant, les soldats les repoussent. Ah, et puis ce canon qui tonne toutes les cinq minutes, quelle marche funèbre, quel temps sinistre nous vivons !

– Les générations futures ? Elles auront tôt fait de tout absoudre et tout justifier. Puis on s'emploiera à leur faire tout oublier.

– Et ceux de ces charrettes, qui sont-ils ?

– Louis Sainte-Amaranthe, il n'a que dix-sept ans, Charles de Sombreuil, qui fut gouverneur des Invalides,

Pierre Laval Montmorency, si jeune, vingt-cinq ans peut-être, Jeanne de Sainte-Amaranthe, si digne, si belle, et sa fille Charlotte, elle n'a que dix-neuf ans ! Les assassins ! Edme-Jeanne Renault, la tante de Cécile, Marie Bouchard, dix-huit ans... Et, oh mon Dieu, elle est là aussi...

– Qui est là aussi ?...

– Elle est là, la petite Nicolle, c'est un coup de l'odieux Voulland, ce fou de Voulland, ce dément... La pauvre petite... C'est Sénar, le chargé des arrestations au Comité de sûreté générale, qui est allé sur ordre la chercher. Son rapport laisse voir son étonnement, je l'ai lu : "J'ai trouvé la petite couturière Nicolle au septième étage d'un bâtiment pauvre, couchée sur un matelas et une paillasse, sans couchette ; des haillons dans un panier d'osier, une table, une chaise, un tabouret, voilà tout ce que possède cette malheureuse ; rien dans l'étroite pièce éclairée par le toit ne la présente comme coupable ou suspecte ; elle était pelotonnée sur elle-même, grelottait et sanglotait, sans parents et sans famille." Mais Voulland l'a fait condamner au prétexte qu'elle gagnait quelques sous en allant porter à manger dans des grandes maisons. Et tous ces autres innocents... cela crève le cœur !

– Quel tintamarre, ce bruit de tambours, incessant, ce canon, le pas des chevaux, le grincement des moyeux de charrettes... Oh, que j'envie ces bêtes de trait qui marchent au pas, lentement, baissant la tête...

– Oui, lentement, les ordres ont été donnés, il ne faut pas que ce convoi arrive avant une heure et demie de trajet. D'ailleurs cela fait une heure et demie que nous marchons, l'ordre est respecté. La voici, la Louison, la Veuve, la femme à Charlot, la guillotine, et là-bas, Sanson et ses aides qui attendent sur la plate-forme de l'échafaud… Et tant de femmes, d'enfants qui attendent, avides du spectacle, et surtout d'un fichu, d'un bout de tissu…

– Antoine, sommes-nous des hommes, nous qui laissons ces malheureux aller au supplice ? Sommes-nous ces êtres humains nés d'un créateur suprême, ce Dieu dont on nous a bassinés dans les églises ? Qu'est-ce donc qui nous grandit dans la nature que nous prétendons connaître ? Si nous possédions l'exception qui fait de nous des êtres différents des animaux, même les plus doux, nous aurions déjà agi, compris que cette exécution, c'est nous qui la commettons, la main du bourreau, c'est la nôtre !

– Je vous rejoins, oui, il nous suffirait de penser en même temps, nous tous qui formons la haie aux charrettes, et même ces soldats à cheval ou ces tambours qui précèdent la colonne, il nous suffirait de décider tous au même instant que cela n'a aucun sens, que nul n'a le droit de prendre la vie de son semblable, que les pleurs sont la seule puissance digne de respect, et d'agir afin qu'il n'en soit plus versé… Mais jamais cette pensée ne naîtra entre nous tous pour renverser la malédiction humaine, jamais nous ne nous élèverons au-delà de la misérable condition où nous croupissons, dans le sang fumant tout à l'heure, dans l'abjection du partage des dépouilles au cimetière de Picpus…

– Jamais, parce que chacun pense pour soi, seulement pour soi, pour sauver sa peau, cher Antoine, et nous comme les autres… Cécile Renault, Cécile, elle monte à l'échafaud… La petite Nicolle va la suivre…

– Messieurs…

– Oui ?

– Qu'est-ce ?

– Messieurs Jean Charton et Antoine Bilioud ?

– Oui...

– Oui...

– Vous êtes en état d'arrestation, nous vous conduisons à la prison de la Conciergerie, vous serez jugés dès demain.

– Antoine...

– Jean...

– Ce n'étaient pas des prêtres réfractaires, ils ont entendu tout ce que nous disions...

– Hélas... Nous voici sur les pas de la petite Nicolle, de Ladmirat, de Cécile... Qu'importe ! En finir, vite... Un jour peut-être, l'homme que nous croyons être sera enfin créé. Allons.

18

Muiron, Boudet, Pallier, Bayrou…

(1796)

Je suis croate, embusqué sur la rive de l'Alpone, affluent tranquille de l'Adige qui passe à Vérone. Mon nom ? Qu'importe ! Disons que je n'en ai pas, même si je me rappelle le visage grave de mon père, celui rieur de ma mère dans la ferme d'Ogulin où je suis né. Mon nom, c'est Croate. Je fais partie de l'armée d'Autriche. Le général Alvinczy, qui nous commande, nous a dit : « Vous, les Croates, vous restez ici, dans le village d'Arcole. Vous êtes six mille, vous avez des fusils, des balles, des canons et des boulets. Mais il y a peu de chances que vous vous en serviez. Je pars avec mes quarante mille hommes déloger de Vérone le petit Corse énervé qui est aux abois. Montenotte, Mondovi, Lodi, ça suffit ! Je le traque, je le chasse, je le poursuis jusqu'en France s'il le faut, et si je le trouve face à moi, je le tue ! » Eh bien, mon général Alvinczy, je ne sais pas où vous êtes en ce moment, mais les Français arrivent, les Français sont là. Là devant moi, enfin, de l'autre côté du marais, sur la levée de terre qui le traverse et sert de chaussée pour conduire au village d'Arcole, où nous sommes retranchés, nous, Croates. Au bout de la chaussée, un petit pont de bois, long de trente pas à peine ; il enjambe l'Alpone... S'ils le franchissent, mon général Alvinczy, s'ils le franchissent, vous serez pris à revers à Vérone, et nous, nous serons massacrés. Ils sont trente mille, un peu moins depuis une heure, parce que nous visons, nous tirons, au fusil, au canon. Et ils tombent sur la levée de terre, ils tombent à genoux, sur le ventre, ils tombent à la renverse, les bras en croix, mais d'autres surgissent, qui courent, galopent vers le petit pont. C'est bien pratique, ils sont en bleu avec une sorte de X blanc sur la poitrine, je vise toujours au cœur de cette cible où grouille le sang qui tout à coup jaillit, et je fais *Imam, imam !* lorsqu'ils piquent du nez, ce qui veut dire en ma langue : « Je l'ai eu, je l'ai eu ! », et je dis *Osuditi, osuditi !*, « Raté ! », s'ils trottent encore, la baïonnette en avant. Tiens, toi, sur le pont, tu en es à la moitié, et tu en es fier ! Profites-en ! Pan ! *Imam, imam !*

*
* *

« Ça recommence ! C'est comme à Lodi, le 10 mai, le pont sur l'Adda, avec Masséna... À Lodi, les Autrichiens ont fauché le premier assaut, le pont s'est couvert de morts, et puis Masséna s'est élancé seul pour le deuxième assaut ! Ah, la bravoure, notre bravoure française, et nous, on est fous en voyant ça, on y va, on passe à travers les balles, mais là...

– Oui, là, ceux d'Arcole, en face, des Croates, paraît-il, nous descendent un par un sur la levée de terre toute molle. Regarde, de chaque côté, le marais rougi, ça grouille de grenadiers, de voltigeurs, partout, ça meurt et ça geint...

– Tu es d'où, toi ?

– Moi, de la Beauce, et toi ?

– Moi aussi !

– Ah, tu es de mon pays alors ! Que crois-tu que font les nôtres, tranquilles, là-bas ?...

– Les semailles...

– Peut-être qu'il y a du soleil... Attention, regarde, sur la levée, notre ligne recule, regarde le général Augereau, il a pris un drapeau, il le brandit, il crie d'avancer, d'y aller... Attention, on nous a vus...

– Eh, vous là, les deux paresseux ! Qu'est-ce que vous faites là ? Allez, debout, et courez sur la levée, et courez vite, les ordres, c'est de prendre le pont, vite ! Debout, allez... »

*
* *

Allez, allez, venez, encore, encore, les Français ! En voici deux qui marchent courbés, ils regardent vers Arcole, vers nous, vers moi, trottez, mes amis, trottez... Le grand X blanc... Pan ! *Osuditi, osuditi*... Et l'autre... *Osuditi*... Un vaillant, un fiérot qui les suit, les double, pan ! *Imam !*

*
* *

« Quelle course, mon pays ! Quel plouf dans le marais tout près du pont, ça tire au canon, ça tire au fusil, mais voilà, personne n'avance ! Attention… le voilà…

– Qui ? Augereau ? Il recommence avec son drapeau ?

– Non, c'est le Petit Caporal qui s'y met. Ah, le petit… le Petit Caporal, Napoléon Bonaparte… Quelle colère…

– Indigne ! Indigne ! Soldats, vous n'êtes pas foutus d'emporter ce pont minable ! Si l'on ne passe pas, je vous déclare traîtres, traîtres à la République ! Vous, les braves, vous de Montenotte, vous de Mondovi, vous, du pont de Lodi derrière Masséna, sur les cadavres des gaillards savoyards qui n'ont eu peur de rien ! Allez, allez, nom de Dieu, allez, vous êtes des foutriquets si vous n'avancez pas ! Allez, allez, à la gloire, à la gloire…

– Qu'est-ce qu'il fait ?

– Il prend un drapeau, il suit les généraux, ils sont sur la levée, s'en vont vers le pont, à cent pas, ils sont trente, cinquante, ils sont fous, s'ils meurent là, tous, on part dans tous les sens, nous les Français, ce sera le sauve-qui-peut… »

*
* *

Depuis un quart d'heure, un petit énervé est en train de gesticuler au milieu d'un groupe d'officiers sur la levée, à l'entrée du pont. Il porte un grand chapeau bizarre…

Avec ses longs bras, on dirait un petit moulin... C'est peut-être leur Napoléon Bonaparte, non, ce doit être un géant, ce Bonaparte qui a franchi les Alpes, et puis, il est sûrement en face d'Alvinczy, qui va le tuer à Vérone... Allons, petit moulin, assez joué, tu veux te lancer vers le pont avec ton drapeau ? Je te tiens dans ma mire, je te vise au cœur. Pan ! *Imam, imam !*

*

* *

« Il est mort, Bonaparte ? Ils l'ont eu ?

– Non, c'est Muiron ! Le chef de bataillon Muiron ! C'est lui qui est tombé !

– Tu es sûr ?

– Oui, regarde, ils ont roulé dans la vase, il y a du sang, du sang partout, c'est celui de Muiron, le Petit Caporal n'a rien, rien de rien, c'est à croire que...

– C'est à croire qu'il est toujours bien entouré de ceux qui le protègent, et qui ont bien de l'intérêt à le garder vivant, il paraît qu'il les paie en monceaux d'or...

– Muiron est mort, mon pays, Muiron, c'est lui le héros, la malchance du jour, la chance des lustres qui viennent, pendant des siècles ! Il a sauvé la légende à deux pattes qui nous a insultés tout à l'heure, parce qu'on n'est pas fous, on veut bien mourir, enfin, un petit peu, mais y rester, là, sur cette levée de terre, abattus comme des lapins...

– Muiron, la grande bourgeoisie de Paris, des fortunés, les Muiron. Il a raconté sa vie l'autre soir, à Vérone. À dix-huit ans, il était officier d'artillerie, il a connu le Petit Caporal à Toulon, il l'a suivi en Italie après s'être marié, sa femme attend un enfant, depuis deux mois... Muiron, il a vingt-deux ans...

– Il avait...

– Allons, on va encore se faire tancer si on reste accroupis derrière le talus, on ne va pas toujours croire qu'on est des morts... On sort...

– Regarde, là-bas, au loin, les Croates... Ils avancent en mouvement tournant, ils vont nous encercler... Nous sommes perdus !

– Eh, tout le monde est parti, nos troupes, pfuittt, et là, dans la boue, jusqu'au cou, ceux-là, ils vont y rester, les râles que l'on entend... On les aide à sortir ?

– Tu es fou, ça tire, et ça tire encore...

– Regarde, il y en a un qui n'hésite pas, lui, c'est Boudet, le sergent des grenadiers... Mais qui arrache-t-il du marais ?

– Le Petit Tondu, Bonaparte, oui, Bonaparte, il a glissé, il s'est enfoncé... Il a de la boue jusqu'aux lèvres... Il étouffe, il suffoque... ça tire toujours, et...

– Qui galope sur la levée ? Le général Lannes, blessé, je le croyais soigné à Ronco, à une lieue d'ici...

– En voici d'autres, des colonels, des généraux à cheval... Boudet est mort ?

– Oui, mais juste avant, il a appelé le caporal Pallier et le grenadier Bayrou... Ils ont tiré Bonaparte de la boue, et Bayrou l'a chargé sur son dos, ça dégoulinait de partout... Il fait plus de sa toise, Bayrou, c'est un fameux gaillard... Des petits, tout ça, des "sans-nom", comme nous, pas comme Muiron... Les Boudet, Pallier, Bayrou, les vrais héros, qui va transporter leur nom dans les temps futurs ?

– Nous !

– Ils ont sauvé Bonaparte !

– Bonaparte tiré de la fange…

– Où est ton fusil ?

– Perdu ! Je viens d'en trouver un, chargé…

– Allez, un genou à terre sur la levée, on les décharge, et on galope vers Ronco…

– Sur la berge, de l'autre côté, à Arcole, celui qui nous tire dessus depuis le début m'agace… »

*

* *

Qu'est-ce que c'est que ces deux-là, genou ployé, fusil vers moi, le Croate… Allons, mes amis, dites bien votre prière. Les chevaux galopent sur la levée, j'ai vu qu'ils emportaient le petit énervé, tout sale, tout dégoulinant de *sranje*, de boue… J'hésite… Tiens, celui de droite… Oh, oh… Chaud, un point brûlant dans ma poitrine… Ooooh… C'est une balle… une balle ? Le ciel, la nuit, la ferme d'Ogulin, ma mère, ma mère… *Su me ubili, su me ubili*, ils m'ont tué…

*

* *

« On l'a eu, le Croate ?

– Oui. »

19

Mohiloff et le duc d'Enghien

(1804)

Pleure pas, Mohiloff, pleure pas… ton maître, il est mort, enfin… non, il est tombé, Mohiloff… Ton maître, il est tombé sous la pluie, et la pluie, dans tes yeux… Tu as couru, tu as détalé… Alors, tu n'as pas vu, tu ne sais pas s'il est… Tu ne sais pas où il est, enfin, si, tu sais où il est… Tu le sais, où il est ? Tu pleures, Mohiloff, attends, j'ai du pain, j'ai de la viande, tu as faim ? Ah, mon Dieu, mon Dieu, ils l'ont fait, ils l'ont tué… Non, Mohiloff, je ne dis rien, je me parle, à moi, tu n'as pas faim, tu me regardes et tes yeux, c'est des puits, des puits de chagrin. Pleure pas… Ton maître, il est mort, oui, mais peut-être pas tout mort, pas tout… Peut-être qu'il en reste un peu, de son âme, dans le fossé, et que son âme forte, et pure, va le… Ah, quel tonnerre tout à l'heure dans la nuit, et les lampes à bout de bras, et l'averse, et le mur, il était debout devant le mur, et toi, toi à ses pieds, tu ne voulais pas, tu ne voulais pas partir, tu ne voulais pas le laisser, tu sentais qu'il était seul, tout seul devant les ombres avec des fusils, et tu t'es dit, je vais le protéger, moi, Mohiloff, ils vont se dire, mais qu'est-ce qu'il fait là celui-là, à ses pieds, tout trempé, tout tremblant, et ils vont comprendre tout à coup, ils vont se dire on ne peut pas, et ils vont refuser… Non Mohiloff, les hommes, c'est bien pire que les chiens.

Ils sont allés chercher ton maître à Ettenheim, à quatre lieues de Strasbourg, Ettenheim, en Allemagne… Allons, calme-toi, viens dans ma cabane, au bord du fossé, viens, Mohiloff, laisse-moi te prendre, là, là, viens, grimpe sur mes genoux, et roule en boule dans mes bras, bon, mon bon carlin, avec ton museau noir, tout plat, ta peau qui plisse, et tes yeux comme des petits boulets de verre, tout noirs, avec un point de lumière chercheuse. Carlin, toi, ton nom… On me l'a dit quand je servais Joséphine, elle en a deux comme toi, ton nom, c'est parce que ton nez et ta face ressemblent au masque de Carlo Bertinazzi, l'Italien qui jouait Arlequin à Paris voilà cinquante ans, Arlequin avec son masque noir, noir comme le tien, et on appelait ce comédien d'un diminutif, Carlin… Tu en apprends cette nuit, Mohiloff, et je vais te dire, la reine Marie-Antoinette, la marquise de Pompadour, elles avaient des chiens comme toi, des carlins, ta race est celle des princes, des nobles, ne tremble plus, cette grande famille des aristocrates s'occupera de toi, c'est sûr, tu verras, dans tes yeux ils fouilleront, ils recueilleront les derniers éclairs de vie de ton maître.

Ils sont allés le chercher, ton maître, en terre étrangère, celle du margrave de Bade, violant la frontière, ton maître, un prince, Louis Antoine… Tu tressailles, Mohiloff, son nom, c'est son âme qui passe encore en toi… Louis Antoine de Bourbon-Condé, duc d'Enghien… Un conspirateur ! Ils l'ont dit, ils l'ont cru, ils l'ont voulu…

Je pense à la petite fille, la petite Marianne, le 24 décembre 1800, voilà combien… nous sommes le 21 mars 1804, voilà quatre ans à peine… Marianne Peusol, elle avait quatorze ans, sa mère, la veuve Peusol, fabriquait des petits pains rue du Bac, et elle envoyait sa fille en vendre dans les rues fortunées. Marianne, je l'ai croisée ce 24 décembre 1800, rue Saint-Nicaise, son plateau d'osier chargé de boules encore chaudes, appétissantes… Je me rappelle le fichu jaune qui enveloppait ses cheveux blonds, sa robe à rayures bleu et blanc et son caraco de laine, elle grelottait, mais hélait le passant avec un bon sourire. Je me rappelle aussi tous ces gens attablés au café Apollon, et la patronne accourue devant sa porte, avertie qu'il allait passer, dans son carrosse, Bonaparte ! Il y avait aussi un marchand de vin qui fermait sa boutique, un perruquier sur le seuil de sa porte, un horloger, de petits outils en main, qui discutait avec le marchand de drap…

Et puis une charrette est arrivée, une charrette traînée par un vieux cheval noir, fourbu, une petite charrette couverte d'une bâche un peu soulevée à l'arrière, on voyait des cailloux… La charrette s'est arrêtée à la sortie de la rue Saint-Nicaise, un peu en travers, celui qui la conduisait, un jeune homme à blouse noire, a déchargé les cailloux de façon qu'ils bouchent l'autre moitié du passage. Il est allé vers Marianne, lui a demandé de garder cheval et charrette contre douze sous ! La fortune ! Ah, la tête de cette enfant heureuse, un conte de Noël…

Tu le sais, Mohiloff, enfin, non, tu ne le sais pas, parce que Paris, cette immense niche à chiens, n'est pas la tienne, Bonaparte habite au palais des Tuileries, et quand il en sort, il se trouve place du Carrousel, et de là, il entre dans la rue Saint-Nicaise, et celle qui la prolonge, c'est la rue Richelieu. C'est là qu'il se rendait, Bonaparte, rue Richelieu, à l'Opéra, le 24 décembre 1800. Il ne voulait pas y aller, mais Joséphine l'avait forcé… Alors, d'abord, des cavaliers sont sortis des Tuileries, au grand galop, suivis de plusieurs voitures qui filaient, à toute allure… Dans la première, il y avait Bonaparte. Au bout de la rue, elle n'a même pas ralenti, elle est passée entre le tas de cailloux et l'arrière de la charrette, il y avait juste la place.

Alors, j'ai vu, moi qui m'en allais dans l'autre sens, j'ai vu un homme faisant de grands signes avec son chapeau, il donnait un signal, et presque aussitôt, l'enfer ! La charrette a explosé, tout a volé dans les airs, des fenêtres, des pierres, des bras, des têtes… La femme sur son seuil a reçu une plaque de fer, en travers, qui lui a coupé les seins. Le plafond du café s'est effondré sur les clients, plus de quarante maisons autour étaient détruites, la fumée, les cris, le sang, la chair, trente morts… Mohiloff, c'était atroce… Et Marianne, Marianne… C'est le lendemain que sa mère a su, elle est venue demander à la police où pouvait se trouver sa fille qui n'était pas rentrée la veille au soir… Elle s'est évanouie, la veuve Peusol… Et Bonaparte ? L'explosion s'est déclenchée trop tard. À une minute près, le Premier consul et tout le cortège y passaient !

Et qui avait préparé cette affaire, Mohiloff ? Tu me regardes, je t'intéresse, mon carlin, qui sait, je vais peut-être te garder avec moi… Tu m'écoutes et tu oublies ta misère… C'étaient des hommes de Cadoudal ! Georges Cadoudal, un Breton épais comme un bœuf, grand comme deux fois Bonaparte… Imagine, dans ta tête de carlin, la rencontre de ces deux hommes, elle a eu lieu en février 1800, toi, ce serait Cadoudal, et Bonaparte un chien de manchon, gros comme le poing… Tes yeux rient… Les deux hommes se sont toisés, se sont haïs. En décembre, c'était l'attentat de la rue Saint-Nicaise…

Cadoudal ! Il hait la République ! Il veut remettre un Bourbon sur le trône de France, coûte que coûte. L'attentat, il l'avait confié à ses sbires ! Il va se charger lui-même d'en finir avec Bonaparte. Son plan, c'est de le capturer sur le chemin qui le conduit du château des Tuileries à celui de la Malmaison. Et de le tuer.

Une quarantaine de conjurés sous ses ordres arrivent dans la capitale au début de 1804. Pendant ce temps, Mohiloff, ton maître vit en bon enfant de famille à Ettenheim, il aime chasser, il se tient sage, prêt à renouveler des exploits militaires si on vient le chercher, mais il n'en a pas envie. Charlotte-Louise de Rohan, son grand amour, lui suffit. À Paris, la police de Bonaparte flaire toutes les traces laissées par les hommes de Cadoudal, et dès février, les plus en vue sont en prison.

Et Cadoudal, arrêté aussi ? Oui, le 9 mars 1804 ! Attention, Mohiloff, c'est mouvementé, tes petites pattes vont en courir toutes seules dans tes prochains rêves… Cadoudal et trois autres complices logeaient place du Panthéon, une cachette provisoire. Pour en changer, ils avaient fait louer par un autre complice un cabriolet, mais, au moment d'y grimper, voici la police. Le conducteur du cabriolet où seul Cadoudal s'était déjà installé fouette alors le cheval. Un pauvre cheval sans force, usé et épuisé qui trotte comme il peut… La voiture descend la rue Monsieur-le-Prince, arrive au carrefour de l'Odéon. Là, un inspecteur nommé Buffet court au-devant de l'attelage, saisit le cheval par la bride, mais Cadoudal sort son pistolet, tue Buffet, saute du cabriolet et galope à toute vitesse pour s'échapper par la rue des Fossés-Saint-Germain… L'adjoint de Buffet le poursuit, ameute les passants, qui rattrapent Cadoudal au carrefour de Buci. Il envoie coups de poing et coups de pied, mord, crie, mais rien n'y fait. Cadoudal, le géant breton à l'énorme cou, aux bouclettes blondes, est arrêté.

On interroge les conjurés, et tous, tous disent qu'après avoir tué Bonaparte, ils attendent l'arrivée d'un jeune prince, un prince de très grande famille, un prince qui a trente ans, et qui va prendre en main l'opération de retour du roi. Un jeune prince… Mohiloff, tu réalises ? Ce jeune prince, pour la police, pour Bonaparte, c'est le tien ! Un ennemi de la République, un ennemi de la nation... Il faut aller le chercher dans le duché de Bade, il faut l'arrêter, il faut le juger, il faut...

C'est le général Ordener et le commandant Charlot qui sont envoyés à Ettenheim le 15 mars. Ils y arrivent le 16. Ton maître est bientôt prévenu, mais il refuse de fuir. Fuir, pourquoi ? Il n'a rien fait, sinon attendre, attendre en chef militaire certes, mais surtout en fou amoureux, attendre que peut-être un commandement lui soit donné, pour quels objectifs ? Il n'en sait rien, l'Angleterre, qui lui alloue une pension chaque mois, le lui dira assez tôt. À cinq heures du matin, Ordener et Charlot encerclent la maison où se trouve ton maître, ils enfoncent la porte, se ruent sur le prince, qui, par réflexe, a pris son fusil, mais ne tire pas. Charlotte-Louise n'est pas loin et va tout voir, tout comprendre, et commencer à pleurer pour le reste de sa vie...

Le dixième prince de Condé est monté dans une charrette, et, derrière elle, tu cours, tu trottines, Mohiloff, tu pleures, et les soldats te lancent des coups de botte pour te faire fuir, tu regardes, de tes grands yeux noirs, la tête de ton prince se dorer dans les premiers rayons du soleil, tu le vois conserver son bon visage serein... Voici le Rhin, ton maître est grimpé dans une voiture, tu galopes près des chevaux, la tête tournée vers l'ouverture de la bâche où tu le guettes, lui, que tu ne vois plus... Tu es épuisé à Strasbourg... Et, après la nuit, Mohiloff, tu entends la voix que tu chéris demander : « Vous me permettez au moins d'emmener mon chien ? » Trois jours de routes et de chemins, de relais, de voiture brinquebalante, trois jours de tendresse avec lui, trois jours où vous êtes forts tous les deux, invincibles, et les soldats s'amusent de vous voir si sages, si soucieux l'un de l'autre, si chaudement lovés dans le sommeil sans souci, sans mémoire.

Vincennes. Le procès. Dans l'après-midi où ton maître est interrogé, le 20 mars, je peux te le dire, Mohiloff, quelqu'un, je ne sais pas qui, mais je le vois, quelqu'un donne l'ordre de creuser un trou, un trou comme on n'en fait jamais ici, au pied du mur, et c'est, d'après celui qui le commence, pour mettre des ordures. Le procès… Oui à toutes les questions, oui, forcément, avec tous ceux qui le composent, le tribunal déclare coupable ton maître, il a porté les armes contre la République, il est l'ami des ennemis, les Anglais, et les ennemis le paient ! Il est le chef des émigrés, il fomente un complot à Strasbourg, c'est un traître et un conspirateur. Pendant ce procès sans nom et sans honneur, sans témoins, sans défenseur, on apporte à manger à ton prince. Il n'a pas faim, ou du moins, c'est ce qu'il dit, et toi, tu es là, à ses pieds, épuisé, tu attends, alors, il se penche doucement vers toi, tu lèves ta truffe noire, il installe son assiette par terre, sous ton nez, et tu manges, tu avales sa viande et son pain avec de petits clins d'œil vers lui, comme à Ettenheim, comme chez Charlotte-Louise, comme toujours…

Condamné à mort, Louis Antoine de Bourbon-Condé, duc d'Enghien, trente-deux ans ! Il ne comprend pas trop ce qui lui arrive, mais demande une audience à Bonaparte pour le lendemain. « Accordé ! » lui répond Hulin, le général qui a conduit cette mascarade de justice. Et il commence à rédiger la lettre qui sera transmise au Premier consul…

Mais une autre main, violente, en colère, et comme mue par un ordre, arrache la plume des mains du général, qui entend : « Ce n'est plus votre affaire. » C'est Savary qui vient de parler, le bon chien, le toutou, l'aide de camp de Bonaparte, c'est lui qui a interprété la voix de son maître et qui y a compris l'exigence de l'immédiat pour la sanction, pour l'exécution… Ou c'est autre chose, ou cela venait d'ailleurs, on ne saura jamais…

Savary ordonne que Louis Antoine de Bourbon-Condé, duc d'Enghien, soit immédiatement conduit dans le fossé du château. Tu le suis, tu relèves ta grosse tête, il te regarde, en silence, tu t'agites, tu sens la mort, Mohiloff… Et vous voici descendus, sous la pluie, non loin du trou qui vient d'être agrandi… Des falots sont allumés, des gendarmes, l'arme au pied, déjà alignés, attendent…

Ton maître a tout compris. Il demande des ciseaux. On les lui donne. Il coupe alors une mèche de ses cheveux blonds, la glisse dans l'anneau d'or qu'il vient d'enlever de son doigt. C'est pour Charlotte-Louise. Puis, il demande un prêtre. « Pas de capucinades ! » répond Savary.

Les gendarmes épaulent, tirent. Le ciel tremble. La muraille vibre. L'explosion écrase la poitrine. Ton maître est tombé doucement. Qui donc a pris une pierre énorme pour donner sur sa tête le coup de grâce ? Tête écrasée, le corps est étendu dans le trou à ordures. Et couvert de terre. J'étais là, moi, devant, hébété, ils l'ont enterré comme un… enfin, comme toi… ils l'ont enterré, mais, retiens cela, Mohiloff, aucun des soldats n'a voulu le fouiller, le dépouiller avant sa mise en terre, ils en avaient le droit, ils ont refusé…

Mohiloff, tu vivais avec une fée, Charlotte-Louise. Tu étais aimé d'un prince, tu aimais ton dieu. Tu viens de découvrir les hommes.

20

Charlotte et Maximilien, à la folie

(1889)

31 janvier 1889. Château de Bouchout, près de Bruxelles. Qui a tué Rodolphe et Marie Vetzera ? Je viens de recevoir la nouvelle de leur mort affreuse dans le pavillon de chasse de Mayerling, près de Vienne. Point d'explication. Des rumeurs déjà. Rodolphe aurait été...

Mais dois-je annoncer la nouvelle à Charlotte, ma douce folle Charlotte au regard d'abîme, mon impératrice hagarde, majesté sans rime ni raison, assise dans sa chambre, face à la fenêtre où zigzaguent les signatures du soleil, du plan d'eau, et de l'infini ? Charlotte, ma sœur, mon enfant, Charlotte, mon amour et ma fée, mon rêve et mon danger, mon aventure...

Charlotte, petite fille de celui qui m'engagea, moi, surgissant de ma campagne sans nom, moi, me retrouvant devant le roi des Français, Louis-Philippe Ier, ton grand-père, Charlotte : l'un de mes cousins chez qui je logeais, domestique à la cour, m'avait proposé pour le service des écuries, un jour que le roi bourgeois déambulait dans son parc, près des réserves d'avoine et de foin. Et cet Orléans débonnaire avait jugé que mes dix ans valaient mieux que la pelle à crottin. Mon allure sans doute, déjà souple de l'échine, la tête prompte à l'inclination soumise, et cet instinct qui tétanise en douceur le serviteur en présence de son maître, tout cela avait convaincu le roi : « Ma fille Louise, la reine de Belgique, me demande un bon petit garçon à qui elle donnerait sa confiance pour servir sa dernière-née, Charlotte. Elle n'a que sept ans, mais déjà mille besoins, des oiseaux, des chiens, des chats, des plis à faire porter, des colis à ficeler, et du babillage à revendre. Aimerais-tu connaître le palais de Bruxelles, et celui d'Ostende ? »

C'était en 1847. J'avais dix ans. Je devins, en quelques semaines, l'irremplaçable petite mécanique à services des sept ans de Charlotte. Des colis, des oiseaux et des chiens, mais aussi un poney au sale caractère qui tirait une petite voiture à deux roues, aux sièges de chagrin fauve, aux lanternes de cuivre, où prenait place ma princesse. Un lion dans son blason, et moi, dans le mien, inévitable malgré tout, une pelle à crottin.

Toute sa vie, je l'ai servie, Charlotte. Aujourd'hui encore. Malgré sa folie, malgré son délire quotidien, ses monologues face aux portraits qu'elle invective, ses petits cris soudains, je suis toujours là, depuis quarante-deux ans.

Et j'aime écouter son âme se diluer, se dissoudre, se libérer enfin, dans quelque bagatelle de Beethoven, quelque sonate de Mozart qu'elle joue à merveille. Mystère de la folie qui souvent laisse à ceux qu'elle agrippe le meilleur et le plus pur de ce qu'ils furent, musique, peinture, rêverie sans mémoire.

Charlotte aime peindre. Au printemps, sur l'herbe fraîche, face au château, elle plante son chevalet. Et, plus appliquée encore qu'aux jours d'Ostende où je la voyais dompter le dessin des vagues, elle offre à ses couleurs, à la toile, la moire du plan d'eau, esquisse quelques colverts, puis se recueille, comme en prière, avant de reprendre le pinceau. Alors, la grande tour apparaît, indécise d'abord, entre la pierre et la chair. Puis des angles et des meneaux dressent la tour dans l'azur. On la dirait habitée d'un regard guetteur derrière les archères depuis longtemps en paix avec les visiteurs de l'inquiétude. Et moi, je sais que cette tour n'est point celle de Bouchout, que les créneaux de son sommet, trop étroits, filtrent la mélancolie de soleils très anciens, ceux des jours éclatants de 1864 où se préparait le grand départ, cette tour est celle qui se mire dans l'Adriatique, près de Trieste, la tour de Miramare.

Qu'il en a fallu des jours et des tourments avant qu'au milieu de la foule les acclamant Charlotte et Maximilien embarquent sur la chaloupe qui les conduisait à bord de la frégate *Novara*. Direction Rome, puis Gibraltar, Madère, et, enfin, le Mexique, leur empire tout neuf !

Il a fallu, avant ce temps glorieux, se consoler de la mort de Grand-père Louis-Philippe Ier, en 1850. Il a fallu renaître du désespoir après qu'à Ostende la reine Louise a poussé son dernier soupir la même année. Il a fallu, en 1856, la rencontre de Maximilien Joseph, prince impérial et archiduc d'Autriche, un long jeune homme élégant et blond, raffiné, à la voix douce, aux souples manières d'un être qui mêle à la ferme élégance du soldat la grâce des femmes.

Maximilien ! Le sésame du cœur, la clé des énigmes, le pôle sûr, aimanté, de ma Charlotte parfois déboussolée, perdue, prostrée, dès Miramare, et bien avant… Charlotte en tristesse des jours entiers, Charlotte la nuit, debout, rayonnante, exaltée, les joues en feu, écrivant des lettres aux princes et princesses d'Europe, sa famille, ses amis. Charlotte à l'encre pourtant optimiste et toujours soleilleuse. « Tout va bien, mon cher Père. » Tout allait bien, oui, même si Maximilien l'adulé, l'au-delà du parfait, s'était âprement accroché au calcul de la dot que le père de sa promise avait décidé de mettre dans la corbeille des noces. Pas assez, avait dit Max, pas assez. Et Léopold, le père de Charlotte, avait cédé, multipliant la somme par deux ou par trois. Et Charlotte, par le soin que j'eus de masquer certains documents, n'en avait rien su.

Maximilien l'étrange ! Quand cessera-t-on de donner aux nations des caractères forgés par le hasard dans la réserve du pire plus pleine et prompte à déborder que celle du meilleur à l'habituelle parcimonie ? On le disait intelligent, mais il était seulement le reflet des bons précepteurs qu'on lui avait donnés. Sa culture pouvait paraître immense, il n'en possédait pourtant que de brillantes crêtes, filles du psittacisme, éblouissantes pour le naïf. Maximilien était un précipité de rêve, de mélancolie et d'indécision. Et de cette alchimie s'évaporait le monde idéal dont il voulait dessiner les frontières, lançant à l'assaut des vilenies de la vie des armées de paix et d'amour.

Mai 1856, à Bruxelles, Charlotte entrait dans un conte. Fallait-il être devin pour comprendre que le couple ne connaîtrait jamais certaines béatitudes qui donnent aux corps qui en sont traversés l'un par l'autre des attaches immortelles ? Petite, brune, un peu trapue, un peu épaisse, sans grâce, mais avec la volonté trop visible de pallier tout cela, Charlotte laissait aller dans son regard la farandole de ses visions de pouvoir fantastique aux quatre coins du monde. Il était là, lui, Max, qui pouvait les réaliser, un gouvernement de la planète, dans l'universelle concorde dont elle serait, elle, Charlotte, l'humble servante à travers son héros Habsbourg.

Las ! Le héros Habsbourg relevait d'un inguérissable chagrin : son premier amour, Marie-Amélie du Brésil, rencontrée au Portugal, et qu'il devait épouser, était morte de phtisie à vingt ans dans l'île de Madère, où elle pensait guérir trois ans auparavant. Et Max conservait cette douleur, la couvait, lui donnait pour miroir ou pâture des couchers de soleil aux couleurs d'apocalypse, l'écume des tempêtes sur la dentelle des pierres, et la longue tristesse des mers sans fin. Charlotte, à qui il avait révélé l'indestructible image de Marie-Amélie dans sa pensée, avait souri, certaine d'y superposer la sienne au point que l'autre coulerait dans un bienheureux néant.

Le mariage de Charlotte et de Maximilien, le 27 juillet 1857, fut une grande fête. Leur nuit de noces un désastre. Faut-il déjà révéler la fable à long feu qui en naquit ? Bien plus que la compassion pour cette enveloppe de chair vide qu'est aujourd'hui Charlotte, d'où l'âme nomade a fugué et butine, dans l'éther mystérieux, des pavots subtils, c'est l'honnêteté du terrien que je suis qui va avancer les torches d'une vérité qui ne peut être tue ; et cela pour dessiller les yeux des bonimenteurs, des inventeurs de fariboles : jamais Charlotte n'a donné le jour à un enfant, jamais ! Ma preuve tient dans mon cahier des buées. Son contenu n'est pas utile pour comprendre que, détaillant chaque pièce de lingerie qui les composait, et dont je connaissais la provenance, il n'y eut jamais de rupture dans la physiologie de Charlotte. Elle voyait chaque mois, comme toutes les femmes de son âge. Où un enfant eût-il pu trouver sa place ? Ragots et billevesées !

On a même prononcé un nom pour donner un visage à celui qui aurait fauté avec Charlotte : le colonel Van der Smissen. Ce beau militaire a vécu une douce idylle sur le plateau de l'Anahuac ; j'en ai suivi, attendri parfois, puis fort inquiet, les étapes devenues au fil des semaines visibles malgré l'ampleur des robes. Smissen fut père d'un garçon dont la mère était une dame d'honneur de Charlotte. Voilà tout. Et qui que ce soit me lançant son doute, je l'enverrai dans mon cahier des buées.

Miramare ! Fort de ses petits avoirs et de la belle fortune que Charlotte lui rapportait, sans oublier la générosité obligée des Habsbourg, Maximilien s'était senti prêt à graver dans le visible le signe de sa majesté destiné au futur : un château ! Il avait choisi une avancée rocheuse en bord de mer à Miramare, près de Trieste. C'était au temps où son frère, François-Joseph Ier, l'empereur d'Autriche, le roi de Hongrie, de Dalmatie, de Croatie, de Bohême, de Galicie, d'Illyrie, de Jérusalem, que sais-je encore, lui avait concédé en 1857 la vice-royauté de la Lombardie-Vénétie. Une vice-royauté ! Autant dire une fonction de larbin, de subalterne, de délégué soumis.

François-Joseph exerçait son empire sur villes et capitales, sur mille provinces, sur cent pays, sur tout, sauf sur sa jalousie. Elle était vive et brûlante, cruelle, contre Maximilien. En 1858, une première révolte en Lombardie chasse de Milan le vice-roi. « L'incapable ! » s'était écrié François-Joseph, avertissant sans délai son frère que tout commandement militaire lui était interdit. L'année suivante, c'est la guerre ! Napoléon III aide le roi de Sardaigne à chasser l'Autrichien de Lombardie, contre un double salaire : Nice et la Savoie, qui vont agrandir la France en 1860. En attendant, ce sont les batailles de Magenta et Solferino, en juin 1859, et leurs soixante mille morts. Les Autrichiens sont vaincus.

Maximilien se réfugie à Miramare, enfin habitable. Foin du cliquetis des armes et de la rage des canons ! Max, au bord des flots, se laisse emporter par la douce rêverie qui le conduit au temps de Marie-Amélie, son amour idéal, serti dans l'absence et la mort. Loin de la boucherie lombarde, il écrit des vers. Charlotte l'admire, admet qu'il festoie avec ses amis, toute la nuit parfois. Elle admet aussi qu'il décide de partir herboriser au Brésil, comprend qu'il y va cueillir et respirer la fleur empoisonnée de ses nostalgies. Elle fait partie du voyage, mais s'arrête à Funchal, préférant Madère aux tempêtes atlantiques, et sans doute au vague à l'âme de Max.

Retour à Miramare, enfin, en 1861. C'est la guerre de Sécession aux États-Unis. Les États du Nord veulent que soit aboli l'esclavage dans les États du Sud. Par humanité, peut-être. Par intérêt aussi : les machines remplaceraient les bras de labeur, et l'industrie pourrait prospérer dans toute l'Amérique du Nord ! Bien occupés à s'entre-tuer, les États-Unis ! Profitons-en, se dit Napoléon III. Il faut créer un empire catholique au sud de ces États protestants belliqueux, et cet empire aurait pour capitale Mexico !

Quel prétexte pour y envoyer des troupes ? Une dette de trois millions de pesos contractée en 1859 par le conservateur Miramon, et que le libéral au pouvoir depuis, Benito Juárez, ne veut pas rembourser. « Oui mais, se dit encore Napoléon III, pour qu'il y ait un empire, il faut un empereur ! » Et soudain, sa pensée s'envole de Paris, par-dessus Nice, la Savoie, la Lombardie, la Vénétie… La voici à Trieste, cap vers le nord : Miramare. « Maximilien, ce Habsbourg jalousé par son frère, humilié par ma guerre, ce rêveur d'Amériques, ce cœur blessé du Brésil, ce poète suave avec sa Charlotte aux desseins exaltés, voilà mon homme. Et l'homme d'Eugénie, ma femme, qui me harcèle avec cette idée d'empire au Mexique… »

Jeudi 14 avril 1864. Vingt-cinq ans ont passé, et pourtant chaque seconde de ce jour béni et funeste à la fois reprend, lorsque je le parcours et l'arpente afin d'être sûr que rien n'eût pu l'empêcher, sa place dans mon cœur endolori. Eussé-je dû arrimer si mal les bagages précieux qu'ils basculassent dans les flots dès le départ ? Eussé-je pu agir de sorte que Charlotte glisse et se brise le corps pour ne point partir ? Je le sais, aujourd'hui 31 janvier 1889 : ma place dans l'histoire m'était offerte le jeudi 14 avril 1864, moi, le valet sorti à dix ans de ma campagne sans nom. J'aurais dû, par n'importe quel moyen, tout faire cesser, parce qu'il était impossible que réussît à l'autre bout du monde, en terre américaine, celle des hommes dorés, des conquérants hallucinés, ce pleurard de Maximilien !

Huit jours durant, après avoir accepté, dûment supplié par Charlotte, la couronne du Mexique, Maximilien s'était retranché dans le pavillon proche du château, et huit jours durant, on avait entendu ses sanglots ! En sortant de Miramare le 14 avril, pendant que pleuvaient sur son passage les vivats de la foule, il pleurait ; en descendant les marches vers la chaloupe, il était en larmes ; dans la chaloupe, ce fut pire encore, des hoquets le secouant, et sur le *Novara*, on ne le revit pas jusqu'au dimanche. Mais on sut que, la nuit, il partageait avec de solides gaillards sur le pont de belles bouteilles assaisonnées de propos hardis sur les femmes.

Samedi 28 mai 1864. Veracruz ? Des bercements de hautes verdures criblées de fleurs mauves et roses, de pétales d'or, une douce chaleur, et des arbres à la houppe en parasol lutinant quelque nuée aux formes sensuelles… Des oiseaux au plumage éblouissant s'amusant du spectacle, et la ville, éclatante, aux murs incrustés çà et là d'or et d'argent, et, qui sait, de diamants… Il fallut peu de temps pour comprendre que cette chevauchée onirique au fil des vagues pendant le voyage avait épuisé son suc d'utopie.

La ville de Veracruz apparut d'abord sous la forme lointaine d'un rempart maigre, d'un blanc sale, avec de petites tours miséreuses. Leur sommet se hérissait de points noirs et mobiles, créant une sorte d'onde inquiétante, un front d'attaque ou de défense. Un marin habitué de ce port nous livra le nom de ces créatures hideuses et emplumées : des zopilotes, ces vautours de l'enfer qui dévorent dès que la maladie ou l'épuisement les ont couchés sur le sol des chiens ou des chevaux, des mules ou des hommes, sans attendre qu'ils soient morts… Charlotte, aux joues si ardentes pendant le voyage, avait pâli. Dans ses yeux, l'effarement et la terreur m'avaient glacé les sangs, et je dus la rassurer, lui affirmant que, dès le soir, nous serions loin.

Il n'en fut rien, car les représentants mexicains n'étant pas arrivés, le débarquement des cent personnes de notre équipée et de nos cinq cents malles n'eut lieu que le lendemain matin. La ville était déserte. Le *norte*, ce vent ravageur lançant sur la ville des raids imprévus, avait mis bas de maigres arcs de triomphe dont les fleurs jonchaient des flaques d'eau saumâtres au bord de la route.

Veracruz, c'étaient des rues bordées de murs lépreux, des groupes de zopilotes se déchirant la crête pour un reste de chien crevé, des soldats patrouillant sans hâte, et des tirailleurs noirs, grands et massifs, à la chéchia rouge à gland noir, vêtus de blanc et d'écarlate, raflés en Égypte après avoir fui le Soudan… Veracruz, c'étaient des Indiens pressés, d'autres curieux de l'insolite colonne qui se développait sous leurs yeux habitués aux défilés de tambours, aux marches martiales se résolvant en trois jours sous les tentes de fortune où expiraient les militaires les plus endurcis, victimes du vomito negro, la fièvre jaune…

Partir au plus vite. Charlotte ne disait pas un mot. Maximilien, sur le bateau, avait lancé une proclamation solennelle à « son peuple » ! Il n'allait pas tarder à savoir que « son peuple » avait confié son âme, son être et sa liberté à l'un des siens : Benito Juárez. Et ce Zapotèque d'Oaxaca, à la missive de Maximilien l'invitant naïvement à se joindre à d'autres chefs mexicains en armes pour une conférence à Mexico, donnait cette réponse que j'ai recopiée de la lettre originale, tant elle donne de l'écho à mes origines terriennes écrasées par le mépris des possédants de toutes sortes : « Il est donné aux hommes, Monsieur, d'attenter aux droits des autres, de voler leurs biens, de menacer la vie de ceux qui défendent leur liberté, de faire de leurs vertus des crimes, et de faire de leurs propres vices une vertu. Mais il est une chose que la perversité ne peut atteindre, c'est le terrible verdict de l'histoire. L'histoire nous jugera. »

Benito JUÁREZ

Le train pour Soledad nous attendait à la sortie de la ville. Des soldats par dizaines encadraient locomotive et wagons, car les attaques se multipliant depuis quelques mois, il n'aurait pas été surprenant que l'on nous volât nos malles, et même que l'on nous ôtât la vie.

Des horreurs avaient été commises au village de La Loma l'année précédente : la bande de guérilleros du rebelle Honorato Dominguez avait coupé la tête du boulanger, celle de sa femme et de ses enfants, et les avait plongées dans le pétrin avant de repartir avec l'argent déposé chez lui pour payer les ouvriers de la ligne. Charlotte avait écouté cette histoire affreuse sans ciller. Ses joues demeuraient pâles. Maximilien soupirait de temps à autre, semblant solder par une large prise d'air ces inévitables glissades dans l'abjection meurtrière en temps de troubles sous quelque latitude que ce soit, à Magenta, à Solferino, à La Loma…

À Soledad, où se terminait la voie ferrée, le voyage se poursuivit par la route. Au vrai, par les chemins défoncés, boueux après les pluies des derniers jours, au point qu'un essieu de notre voiture se brisa. Il fallut franchir les barrancas, ces ravins de quelques mètres, aux ponts détruits, et pour y parvenir chariots et charrettes étaient démontés, puis remontés sur l'autre bord. Maximilien demanda que l'on fît halte au petit village de Camerone.

L'année précédente, le 30 avril 1863, un combat qui avait ému Napoléon III s'y était déroulé : une soixantaine de légionnaires aux ordres du capitaine Danjou, réfugiés dans la cour d'une hacienda, avaient été encerclés, puis décimés par des centaines de soldats mexicains. Leur sacrifice avait permis que le convoi allant de Veracruz à Mexico, et transportant une cargaison d'argent, atteigne son but sans être attaqué. Les murs de l'hacienda encore debout portaient les traces de l'incendie et des balles qui avaient achevé les derniers résistants.

Deux jours plus tard, la ville d'Orizaba s'ouvrit comme un large sourire content et fleuri au passage de notre convoi pétillant de couleurs sous les paniers de pétales lancés des fenêtres, pendant que des musiques et des danses indiennes emportaient des tourbillons de jeunes filles en robe locale. Ce n'était rien encore en regard de l'accueil préparé à Puebla le 7 juin. L'un des vainqueurs de Solferino, le maréchal Bazaine, au courant que ce jour-là Charlotte fêtait ses vingt-quatre ans, avait préparé notre arrivée : les troupes défilèrent dans un ordre impeccable.

Une réception eut lieu à la cathédrale, en présence des notables, puis un grand dîner suivi d'un bal acheva la journée. Bazaine fit davantage encore à Mexico pour éblouir et rassurer Maximilien et Charlotte, le 12 juin : cloches sonnant à toute volée, canons tonnant chaque minute, et, sur tout le parcours, les balcons fleuris, des dizaines d'arcs de triomphe jusqu'à la cathédrale où l'archevêque attendait l'empereur et l'impératrice pour un office solennel. Puis ce fut la réception au palais impérial, le discours émouvant, sincère et enthousiaste de Maximilien devant les personnalités de la ville et leurs épouses en grands habits. Enfin, sur la grande place, le Zócalo, l'empereur passa en revue les troupes de l'armée française au Mexique.

Le visage de Charlotte avait pris cet air impassible que je lui ai connu depuis, en des circonstances où il fallait qu'elle brouille le réel, qu'elle en dissolve la lumière crue, et que toute forme se résume à de l'impression inoffensive. C'est ce visage qu'elle offrait aussi, dès le soir, dans la chambre du palais national qui leur avait été réservée, inoccupée depuis longtemps : les puces et les punaises en avaient fait leur quartier général. Maximilien dormit sur un billard, et Charlotte dans une méridienne.

Le lendemain, l'empereur, faisant acte d'autorité, décida que leur seule demeure serait désormais le château de Chapultepec, situé sur un promontoire dominant la ville de Mexico. « Je veux que de Chapultepec au centre de la ville de Mexico soit percée une large avenue rectiligne, bordée des statues des héros de la nation. » Ce fut le premier souhait de Maximilien.

Charlotte, consciente désormais que son rêve était encerclé de terres imprévisibles, de guérillas sournoises, de visages au sourire faux, continuait à le nourrir dans ses promenades à travers l'immense parc boisé de Chapultepec. Seule ou avec ses dames d'honneur, elle en parcourait les allées, s'extasiant de la finesse des senteurs qu'elle découvrait, figées dans l'air immobile et chaud. Et ces parfums de résines rares, de plantes inconnues et de fleurs légères provoquaient une curieuse sensation d'expansion de l'être tout entier, anticipant la dissolution finale des chairs et des humeurs dans toute la nature. Charlotte goûtait cet échantillon d'éternité comme un privilège, pendant que ses suivantes papotaient dans le « terre à terre » convenu.

Max devenait rare. Charlotte s'y résigna ; ses allées et venues dans le palais et le parc de Chapultepec lui laissaient le loisir d'observer femmes et hommes peuplant ce territoire de l'aventure où elle avait voulu s'engager. Et, parmi ces présences, de belles silhouettes d'officier créaient en elle une émotion discrète, comme de la lumière qui se déploierait soudain dans toute sa poitrine, et de la chaleur, plus bas, intense.

L'échec de sa nuit de noces lui interdisait de prolonger les images naissant de ces rencontres, mais elle noua de tendres relations avec Charles Loysel, un saint-cyrien chef d'escadron, avec le colonel Smissen, avec Léonce Detroyat, un lieutenant de vaisseau, avec quelques autres, sans que jamais quelque contact d'épiderme les orientât vers de légitimes voluptés, qu'ils se refusèrent.

Maximilien ne nourrissait pas les mêmes scrupules. Il y avait toujours autour de lui des hommes charpentés, élancés, ou d'élégantes femmes pour des parenthèses de fête ouvertes en pleine journée, et qui pouvaient se terminer aux aurores. Obstiné dans sa vision d'une conciliation générale des parties en présence, il feignait d'ignorer la férocité des enjeux, leurs dangers constants, et les impasses dans lesquelles chacune de ses décisions aboutirait. Juárez attendait son heure. Bazaine recevait ses ordres de l'empereur Napoléon III, directement…

La longue silhouette de Maximilien commençait à errer dans les palais comme une virgule fautive dans l'histoire du Mexique. Sa bonté niaise encombrait ses paroles, ses discours, ses missives où il eût fallu de la fermeté, de l'audace, et surtout, de la cruauté puisque tous les grands meneurs d'hommes en furent d'habiles tacticiens.

Un jour, au début de 1866, Charlotte me convia à sa promenade dans le parc de Chapultepec. J'étais chargé de lui emporter quelques rafraîchissements dont elle aurait besoin en cours de route. L'air était doux, et l'une de ces petites brises nées sur le lac Texcoco rendait bavardes les ramures au langage intact depuis des siècles, identique à celui que percevait dans le même lieu, en 1519, un autre empereur : Montezuma.

Nous marchions sur les taches d'un soleil mouvant et taquin, qui jouait avec nos pas. À l'ombre d'un *oyametl*, cet arbre qui soûle de sa sève les papillons monarques venus du nord, elle s'arrêta, se tourna vers moi, prit le verre que je lui tendais, y porta les lèvres : « Est-ce vrai, ce que j'entends dire de Maximilien ? L'enfant qu'il a conçu avec Maria Anna Leguizano est-il né ? » Je lui répondis, embarrassé, mais au courant de l'affaire, ayant même rencontré celle qui portait pour autre nom Conception Sedano, que cette naissance n'aurait lieu qu'en août. Charlotte demeura figée, absente d'elle-même, statue de porcelaine au sourire mort.

Je craignis que ne survînt de nouveau le malaise qui l'avait accablée de longs jours lors du voyage que nous avions effectué, sans Max, dans le Yucatán à l'automne 1865 : au pied de la pyramide d'Uxmal dégagée par Désiré

Charnay quelques années plus tôt, après une crise nerveuse effrayante, elle avait sombré dans une léthargie attribuée alors à de la nourriture suspecte. Et depuis, sa terreur de l'empoisonnement croissait jusqu'à se confondre avec la distance prise par Maximilien.

Lui, sa vie, son ciel et ses étoiles, son Dieu, son empereur, donnait le plus doux de son être à une autre, et de leurs corps et leurs sangs mêlés allait surgir la preuve que son propre sang s'était changé, au fil du temps, en poison, et qu'il fallait que cette mutation s'interrompît, et que la seule issue dans cette panique consistait à ne plus rien absorber, ni légumes, ni viande, ni fruits, à ne plus rien boire, et elle m'avait regardé, terrorisée, sûre que le verre qu'elle portait à ses lèvres allait la faire mourir. Puis elle revint à elle, et nous poursuivîmes la promenade jusqu'au soir, comme si rien ne s'était passé, sans autres propos que badins sur les oiseaux, la couleur des quetzals, et la croisière prévue le lendemain au fil des canaux fleuris de Xochimilco.

Ce fut ensuite le temps d'une grande éclaircie pour le couple impérial, et je crus que la lenteur apathique de Maximilien pour les affaires et ce qu'il fallait bien que je nommasse désormais la « folie » de Charlotte pouvaient trouver leur thérapie dans la pure beauté qui croisa leur chemin au début de 1866 : Cuernavaca, la ville de l'éternel printemps, à quatre-vingts kilomètres au sud-ouest de Mexico.

On leur avait vanté la beauté de cette cité où les fleurs semblent conspirer toute l'année pour que jamais leur parfum ne meure, de sorte que des massifs de toutes les couleurs laissent soudain éclater leur floraison au moment même où d'autres entament leur fanure ; le soleil lui-même couve cette ville en cuvette, lui offrant pour seule saison la douceur et la lumière des meilleurs jours de nos mois de mai.

Je me souviens de leur ravissement lorsque, pénétrant dans les immenses jardins de La Borda, fermés de hauts murs, ils avaient découvert les bassins d'eau fraîche, les tonnelles ruisselantes de verdure, havres d'ombre, les fleurs de Jamaïque, les roses, les mille et une plantes odorantes, capiteuses, les allées rectilignes étagées, aux bords maçonnés rehaussant la terre porteuse de merveilles à hauteur de regard. Je me rappelle leurs efforts de dignité pour retenir leur course vers le plan d'eau où les attendait une barque, rames repliées, pour une balade berceuse et paisible.

Qu'il faisait doux ! Ce lieu clos, mais vaste, procurait la certitude que le monde pouvait devenir simple, avec un ciel, des fleurs, des allées et une barque, l'essentiel pour réduire à l'intime la dimension du monde. Aux jardins, attenantes, de vastes pièces d'habitation furent investies par les souverains, leur suite et leurs domestiques, dont moi-même, qui passai la plus belle soirée de ma vie, doucement bercé dans un hamac blanc, pendant que la nuit tiède s'emparait du visible.

Au retour à Mexico, il ne fut plus question que d'un nouveau séjour à Cuernavaca. Maximilien se hâtait de signer documents, courriers et projets afin de rejoindre Conception, qui prenait de la forme. Dans tous ses choix, l'empereur tentait d'aplanir les relations entre factions ennemies, d'installer un libéralisme adapté à un territoire trop étendu pour que ses effets fussent immédiats. Cette souplesse infinie, excessive sans doute, était l'œuvre d'un poète qui traçait le destin du pays comme s'il lui eût cherché la meilleure forme, omettant de soigner le fond, comme si la richesse de la rime palliait la pauvreté du vers.

En 1865, la guerre de Sécession s'était achevée aux États-Unis. Et, de là-bas, on avait fait savoir à Napoléon III qu'il était urgent de libérer la place mexicaine, où la France n'avait rien à faire, où la présence du Habsbourg lunaire oscillait entre la provocation et le ridicule.

En août 1866, l'enfant de Conception et Maximilien naissait à Pachuca, au nord de Mexico. Rapidement conduit à Cuernavaca, il fut installé avec sa mère dans le petit pavillon que l'empereur avait fait construire afin que son idylle demeurât discrète. Le père et la mère reçurent cadeaux et félicitations de Bazaine, qui avait connu la même aventure avec une jeune Mexicaine d'à peine dix-sept ans.

Napoléon III avait informé Maximilien que son soutien lui était retiré, que l'armée française serait rapatriée dans l'année. Et Maximilien avait répondu : « Votre Majesté se croit forcée par une pression soudaine, à ne pas pouvoir observer les traités solennels qu'Elle a signés avec moi il n'y a pas encore deux ans, et Elle m'en fait part avec une franchise qui ne peut que lui faire honneur. De mon côté, je chercherai à m'arranger avec mes compatriotes d'une manière loyale et digne d'un Habsbourg, et je mets mon âme et ma vie au service de ma nouvelle patrie. »

On avait réussi à cacher à Charlotte cette nouvelle désastreuse. Mais un jour d'avril 1866, en ma présence, alors que je déplaçais des documents dans le bureau de l'empereur pour mes époussetages, elle découvrit le brouillon de la réponse faite à Napoléon III, et comprit tout. Je craignis qu'elle ne s'abattît d'un coup au sol et qu'une crise nerveuse telle que celle d'Uxmal ne la cloue dans un paroxysme de convulsions et de cris.

Il n'en fut rien. De porcelaine encore était son corps, mais son sourire vivait, s'illuminait, tournait autour d'une idée simple qu'elle pouvait faire entrer dans le réel, elle, l'impératrice Charlotte : elle allait partir en France, demander une audience à Napoléon III, exiger l'envoi de troupes fraîches, en grand nombre. Et il ne refuserait pas, il ne pourrait se dérober à ses obligations. Et s'il le faisait, il était une autorité suprême qui le ferait plier, le représentant de Dieu sur terre : le pape !

Il y eut encore plusieurs séjours à Cuernavaca. Tantôt Charlotte seule, tantôt Maximilien, rarement tous les deux. En mars, Charlotte y avait appris par le baron d'Huart la mort de son père, Léopold Ier de Belgique, au château de Laeken, trois mois plus tôt. Retirée sous une tonnelle, laissant se reposer le baron qui allait être tué dans une embuscade sur le chemin du retour, au Rio Frio, elle entra dans un curieux monologue où j'entendis qu'elle parlait à son père, lui demandant son autorisation pour le voyage en France et peut-être à Rome s'il le fallait. Et je compris que Léopold lui imposait de partir sans délai. Il ne précisait pas que je dusse l'accompagner, mais, de moi-même, je le décidai, et préparai mon bagage.

Maximilien souffrait de plus en plus de la malaria, qui l'avait terrassé dès son arrivée à Veracruz, et cela s'accompagnait de périodes de dysenterie pendant lesquelles l'idée même de l'empire semblait avoir fondu dans son esprit au profit d'une survie gagnée heure par heure. L'empereur était épuisé. À sa famille, il écrivit : « L'Europe nous a abandonnés de toutes parts d'une façon ignominieuse et le monde, devenu vieux, tremble lâchement devant l'Amérique du Nord. »

Cinq jours furent nécessaires pour que nous atteignions Veracruz. Cinq jours de crainte et d'angoisse : les guérilleros pouvaient nous attaquer à toute heure du jour ou de la nuit. Les Mexicains en avaient assez de cette intrusion française dans leurs affaires. Juárez appliquait méthodiquement les plans qui devaient le conduire à Mexico, pour devenir le chef suprême de son pays, pour effacer, coûte que coûte, toute concurrence parasite de son pouvoir.

La première demi-journée du voyage avait réuni dans la même voiture Maximilien et Charlotte, demeurés enlacés quasiment jusqu'à leur séparation avant le Rio Frio. C'était pitié de voir ces rêves moribonds pleurant comme deux enfants perdus. À moins d'inhumanité native, il était impossible de ne pas sentir son cœur se fendre devant leur désarroi. Et mon cœur se fendit, et je pleurai avec eux, sans qu'ils me vissent, jusqu'au Rio Frio, où ils se quittèrent, dignes devant l'escorte.

Ensuite, ce furent quatre jours où je crus qu'un Dieu malin démontait le monde afin d'en présenter des pans falsifiés sortis du chaos à Charlotte, mon impératrice, que je récupérai une nuit, frappant aux portes des maisons à Puebla afin qu'on la renseignât sur le lieu où se tenait le grand bal prévu en son honneur, le bal si proche, donné pour son anniversaire, deux ans auparavant… Je la reconduisis à sa chambre, où elle demeura prostrée jusqu'au matin. Et pendant les jours suivants, il fallut se rendre maître de comportements semblables dont elle sortait souriante, ou lointaine, mutique, sans souvenir.

Le vendredi 13 juillet, à Veracruz toujours aussi recluse dans ses remparts lépreux, si peu gagnée par la paix turquoise de son rivage, le bateau nous attendait, mollement soulevé par les remous près du quai. Charlotte, lisant sur la coque *Impératrice Eugénie*, demeura rêveuse : n'était-ce pas le signe que la partie était déjà gagnée ? Et puis Max allait se remettre, reprendre des forces, affronter ce Juárez invisible et sournois qui sapait toute tentative de compromis entre Français et Mexicains.

Tout cela, je le saisis dans la forme et la lumière de son sourire, j'étais capable de deviner sa pensée et son état à tant de signes que je savais désormais agir de façon utile pour endiguer une crise de délire ou une prostration soudaine. Max ! N'avait-elle pas affirmé à Eugénie, lors de la réception donnée aux Tuileries avant leur départ pour le Mexique : « La seule présence de Max là-bas aura le même effet que celle de cent mille soldats. »

La traversée fut monotone. Le 8 août, nous débarquâmes à Saint-Nazaire, port habitué aux escales de bateaux en provenance de Veracruz, venant chercher leur provision de tissus pour les frères Arnaud, établis au Mexique depuis quarante ans, devenus richissimes par le commerce et la banque. Piteux débarquement ! Où étaient le préfet, les officiels, la haie d'honneur pour l'impératrice Charlotte du Mexique ? Où se trouvaient donc la musique, les militaires, le cortège des notables ? Il fallait qu'ils se fussent égarés, ou bien qu'on leur eût donné une autre date, le bateau ayant du retard. Non. Charlotte entra dans une colère froide qui fit trembler son menton, rougir ses joues et naître dans ses yeux des flèches de feu. Seul le maire surgit des docks, avec ses conseillers. Il prononça un pauvre discours autour d'un drapeau rouge et blanc appartenant à l'un de ses administrés : celui du Pérou…

Dans le train qui la conduisait à Nantes, elle apprit la victoire de la Prusse contre l'Autriche, et perçut les conséquences de ce désastre : « L'empereur peut maintenir ses troupes au Mexique, malgré tout, il en va de la vie de notre empire ! Dans un mois, je serai de retour auprès de mon cher Max. Je dois le retrouver en lui apportant la bonne nouvelle, en lui offrant cinquante mille, deux cent mille hommes de troupe, des canons, des balles et des fusils, tout cela débarqué à Veracruz, dont nous ferons la ville du bonheur… »

Tout au long des quatorze heures que durait le voyage de Nantes à Paris par voie ferrée, Charlotte fit se succéder l'exaltation, l'abattement, le rire jusqu'au malaise, et des larmes à la vue de certains papillons rouges qui lui rappelaient les monarques égarés sur les *oyametls* dans le parc de Chapultepec.

Qu'il était loin, notre Mexique. J'écris ce « notre » sans barguigner contre moi-même, car l'empire de Charlotte, c'était aussi le mien. Et j'y avais nourri des rêves. Par exemple, celui qui devait me conduire à la création d'une sorte d'industrie de l'époussetage et des rafraîchissements, dont je serais le maître, et, à la façon des Barcelonnettes faisant venir près d'eux leurs payses et pays, j'inviterais les miens, parents, connaissances et amis, qui travailleraient pour mon compte et le leur, à condition bien sûr qu'ils embarquassent pour Veracruz avec leur balayette personnelle.

À Paris, Napoléon III, sentant le danger s'approcher, s'était réfugié au château de Saint-Cloud. L'impératrice Eugénie avait été chargée de recevoir Charlotte, dont les joues en feu affichaient le désordre de l'âme, le flux bouillonnant des pensées, et parmi elles, cette obsession lancée au visage d'Eugénie : « Je veux voir l'empereur, je le veux ! Où est Napoléon III ? Il faut que je le voie, tout de suite… »

Le lendemain, il fallut bien que Badinguet se résolût à cette rencontre. Elle eut lieu à Saint-Cloud. Tout le temps de leur entrevue, il demeura abattu, prononça quelques phrases où passaient les mots « inévitable », « obligation », « impossible », juste avant le drame : on avait offert une orangeade à Charlotte ; verre en main, fixant d'horrible façon l'empereur, elle porta le breuvage à ses lèvres, poussa un grand cri et s'évanouit.

On lui fit respirer du carbonate d'ammonium, sels toujours disponibles près des salles où pouvait se pâmer quiconque lors d'une trop forte émotion. Elle revint à elle, mais, à partir de cet instant, je dois avouer que je ne la reconnus plus telle qu'elle m'était toujours apparue, capable de bon sens et de lucidité, au retour des errances de sa raison.

L'empereur des Français refusait d'envoyer son armée au Mexique ? Qu'importe ! Elle avait promis que ce refus la conduirait devant le pape. Le 23 août, nous quittions Paris pour retrouver l'Italie. Près du lac de Côme, lors d'une halte, elle écrivit une longue lettre à Maximilien. Dans ses phrases dansaient les mots « bonheur », « chères années », « affection », « ce lac que tu aimais », « près de dix ans ont passé », et enfin : « Espérons, cher trésor, que tu seras content de moi, car j'ai travaillé sans relâche pour les fins que tu m'as indiquées… Maintenant, il y a un clair de lune et on a chanté… c'était d'une beauté inexprimable. »

Quelles belles heures consolantes à Miramare ! Charlotte courait presque à travers les pièces qu'elle retrouvait intactes, prêtes à recevoir son couple enfin promis à la félicité. Elle se mit à danser toute seule la ronde comme à sept ans, lorsque je commençai de vivre dans sa proximité. Débarrassée de la gangue du temps, elle chantait ses comptines de Laeken, et soudain, elle lança : « Max, viens vite, Max, regarde… » Mais Max ne vint pas. Et Charlotte entra dans le silence. Puis, le soir, on entendit ses sanglots, réguliers, jusqu'au sommeil.

Le pape ! Seul recours, le pape Pie IX ! Charlotte s'enfiévra tout d'un coup aux environs du 20 septembre. Il fallait qu'on l'accompagnât à Rome, qu'un entretien de plusieurs heures avec Pie IX fût programmé. Il fallait des secrétaires, des sceaux, des papiers à en-tête de l'empire du Mexique. Et le soir même, l'affaire serait emportée, et Max sauvé ! Le 26 septembre, après un voyage épouvantable où elle avait vu des hommes de Juárez embusqués dans les montagnes, des empoisonneurs à la solde de Napoléon III circulant dans les wagons, des sicaires déguisés en contrôleurs, elle arrivait à Rome.

Le lendemain, le pape la reçut avec toute la pompe due à son rang, méfiant cependant, car il s'alarmait de la rumeur de folie qu'on lui avait révélée. D'armée de secrétaires autour de Charlotte, de papier à en-tête de l'Empire mexicain, point ! Seulement un refus poli du Saint-Père au bout d'une heure pendant laquelle le Vatican abrita le plus aigu des délires qui pussent s'échapper de lèvres impériales.

Deux jours plus tard, la catastrophe redoutée arriva : à neuf heures du matin, sans prévenir, Charlotte se présenta à l'entrée des appartements de Pie IX, qui déjeunait. Comprenant la situation, il la fit asseoir, lui offrit une tasse de chocolat qu'elle refusa, sûre, disait-elle, qu'il était empoisonné, accusant même tel ou tel serviteur d'être un homme à la solde de Napoléon III pour la supprimer. On voulut la reconduire à son hôtel. Il n'en fut pas question. Le soir, elle refusait encore. Et, au début de la nuit, alors que l'on allait par contrainte de corps la mettre dehors, elle s'évanouit. Un lit fut dressé à la hâte dans une bibliothèque, et c'est là qu'elle passa la nuit, heureuse à son réveil de se trouver sous la protection du successeur de Saint-Pierre.

La suite, c'est Charlotte à Miramare, puis enfermée de force au Castelletto, le petit château tout proche, dont il faut assujettir portes et fenêtres afin qu'elle ne s'échappe. Ce sont les interminables lettres de délire qu'elle envoie dans toute l'Europe pour appeler à l'aide, sans autre effet qu'une sévérité accrue dans la surveillance de ses journées. C'est son transfert au château de Turvueren, près de Bruxelles, en 1870, château qui brûle sous ses applaudissements pendant qu'elle répète à qui veut l'entendre : « Comme c'est beau, comme c'est beau », alors que l'on venait de la sauver des flammes.

C'est enfin ce lieu, cette chambre du château de Bouchout où je viens de recevoir la nouvelle de la mort des amants déjà maudits, Rodolphe et Marie. Rodolphe, neveu de Max et Charlotte, seul fils de François-Joseph Ier. Qui donc a pu le tuer ? S'est-il tué lui-même ? Et cette Marie Vetzera… Voilà huit ans, Rodolphe était venu ici même, dans cette chambre, accompagné de celle qu'il venait d'épouser, la princesse Stéphanie de Belgique. Charlotte avait pris la main de la jeune femme, l'avait conduite devant un immense portrait de Maximilien. « Ils l'ont tué ! avait-elle murmuré. Tué, ils l'ont tué… »

Rodolphe est mort, tué lui aussi. Est-ce pour que se perpétue la malédiction qui frappe les Habsbourg ? Dès sa naissance, était-il inscrit par la fatalité sur la liste des morts violentes qui se succèdent dans sa famille ? Ou bien a-t-on voulu supprimer un Habsbourg devenu stérile et trop fêtard dans la compagnie des gens de caniveau ? Et Marie Vetzera, enceinte, dit-on, de cinq mois, tuée elle aussi… Rodolphe ne la connaissait que depuis un mois… Qui a voulu effacer la honte d'une naissance scandaleuse chez les Habsbourg ? Rodolphe tirant à bout portant sur sa maîtresse Marie ? puis se suicidant ? Alors pourquoi ces précisions destinées à Charlotte, à qui je ne raconterai rien : les lacérations sur son corps, la fenêtre de sa chambre défoncée de l'extérieur, le mobilier renversé, les traces de lutte partout… Tué, sûrement, Rodolphe ! Par qui ?

Tué, Maximilien, par Juárez. Et voici comment : l'armée des libéraux mexicains mit le siège en mars 1867 devant la ville de Querétaro, où Maximilien avait décidé d'installer son quartier général de combat afin de reconquérir avec ses troupes fidèles les territoires perdus. Le 15 mai, la ville était investie, et Maximilien arrêté avec deux de ses généraux demeurés à ses côtés, Miramon et Mejia. Leur procès eut lieu le 13 juin.

Dans l'acte d'accusation, il fut reproché à Maximilien, entre autres charges, d'avoir été l'agent de l'invasion étrangère, d'avoir usurpé la souveraineté et déclaré la guerre à la République, d'être l'auteur du terrible « décret noir » du 3 octobre 1865 qui précisait que tout défenseur de la République serait condamné à mort dans les vingt-quatre heures. Et qui était le véritable auteur de ce décret ? Bazaine !

Le 14 juin, l'empereur du Mexique et ses deux généraux étaient condamnés à mort. L'exécution eut lieu le 19 juin

1867 par un jour radieux. « Quelle belle journée, s'écria Maximilien lorsque le colonel chargé de diriger l'exécution était venu chercher les condamnés à six heures du matin, j'ai toujours souhaité mourir par un jour comme celui-là ! » Trois fiacres les avaient emmenés à l'écart de la ville, sur le lieu nommé *Cerro de las campagnas.* Quatre mille soldats formaient les trois côtés d'un carré. Le quatrième était occupé par un long mur où vinrent se placer les condamnés.

Le peloton d'exécution se mit en place face à Maximilien d'abord, qui déclara : « Je pardonne à tous, que tous me pardonnent. Que mon sang prêt à couler soit répandu pour le bien du pays. Vive le Mexique ! Vive l'indépendance ! » Puis, pendant que les militaires épaulaient leur fusil, il murmura : « Pauvre Charlotte. » Le commandant du peloton abaissa son sabre, les coups de feu couchèrent Maximilien sur le sol. Le coup de grâce fut tiré de si près que le gilet de l'empereur expirant prit feu, et il fallut y jeter un seau d'eau pour éteindre la flamme. Miramon et Mejia furent exécutés ensuite, presque à bout portant. Le 15 juillet 1867, Juárez se réinstallait à Mexico.

Charlotte vient de quitter sa chaise, elle se dirige vers le piano, s'assied, tourne distraitement les pages, et commence à jouer l'andante de la sonate 11 de Mozart, en *la* majeur. Dans ma mémoire, je suis à Cuernavaca. Charlotte et Maximilien se sont assis à l'ombre sous la plus belle tonnelle criblée de roses, et d'autres fleurs sans nom, innombrables. Ils se tiennent la main. Charlotte fredonne cet air qui naît en ce moment de ses mains douces sur le clavier jauni. Ils sont fragiles et magnifiques. Et leurs regards vainqueurs demeurent en moi, pour toujours, présents, en cet instant, victoire de l'amour, divine. Et que peut bien leur faire, sous la tonnelle ou dans l'absence, dans la folie, la pauvre histoire des hommes !

TABLE

DU MÊME AUTEUR (SUITE)

Cahier de culture générale pour les Nuls, First, 2012.
La France du XXe siècle en images, Gründ, 2012.
Le Français pour les Nuls juniors, First, 2012.
L'Histoire de France pour les Nuls en BD, tome 2 : « Le Haut Moyen Âge », First, 2012.
L'Histoire de France pour les Nuls en BD, tome 3 : « Des croisades aux Templiers », First, 2012.
Cent poèmes entre chiens et loups, Omnibus, 2013.
En tête à tête avec Marcel Pagnol (avec William Leymergie et Philippe Lorin), Gründ, 2013.
Le Cheval en 60 poèmes, Pocket, 2013.
Le Grand Cahier de culture générale pour les Nuls, First, 2013.
Les Châteaux forts, Gründ, 2013.
L'Histoire de France pour les Nuls en BD, tome 4 : « La guerre de Cent Ans », First, 2013.
Les Fleurs du mal, Baudelaire. Poèmes commentés, First, 2014.
Les Plus Beaux Poèmes d'Apollinaire, First, 2014.
L'Histoire de France, Gründ, 2014.
L'Histoire de France pour les Nuls en BD, tome 5 : « De Louis XI à François Ier », First, 2014.
50 questions autour du français, First/France Info, 2015.
Histoires extraordinaires de chats et autres animaux, First, 2015.
La Nouvelle Petite Anthologie de la poésie française, First, 2015.
Les Plus Beaux Poèmes de Victor Hugo, First, 2015.
L'Histoire de France pour les Nuls en BD, tome 6 : « Les guerres de Religion », First, 2015.
Conjuguer sans fautes pour les Nuls, First, 2016.
Les Fables de La Fontaine, First, 2016.
Les Grandes Dates de l'Histoire de France pour les Nuls, First, 2016.
10 règles de français pour 99 % de fautes en moins, First, 2017 ; « Points », 2019.

Cahier de dictées pour les Nuls, de Paris à Montréal, First, 2017.
La Conjugaison pour les Nuls, First, 2017.
La Poésie de Jean Orizet, Le Cherche Midi, 2017.
L'Histoire de France pour les Nuls en BD, tome 7 : « Le Roi-Soleil », First, 2017.
L'Histoire de France pour les Nuls en BD, tome 8 : « Révolution et Empire », First, 2017.
Victor Hugo en un clin d'œil, First, 2018.
L'Histoire de France pour les Nuls en BD, tome 9 : « Le XIXe siècle », First, 2018.
50 idées reçues sur l'Histoire de France, First, 2019.
La Petite Anthologie de la poésie française, First, 2019.
L'Histoire de France pour les Nuls en BD, tome 10 : « De 1914 à nos jours », First, 2019.
Anthologie de la poésie française, First, 2020.
Dans la tête des poètes, First, 2021.

Réalisation : Nord Compo à Villeneuve-d'Ascq

Achevé d'imprimer en février 2022
par Normandie Roto Impression s.a.s. à Lonrai
N° d'imprimeur : 2106826
Dépôt légal : mars 2022
ISBN : 979-10-210-4904-8
Numéro d'édition : 4715
Imprimé en France

PEFC
10-31-2541
Certifié PEFC
Ce produit est issu de forêts gérées durablement et de sources contrôlées
www.pefc-france.org